edition suhrkamp 2734

Früher entwarfen Designer Gegenstände. Heute wird praktisch alles gestaltet: das Klima, Prozesse, Flüchtlingslager. Deshalb darf Design nicht nur nach ästhetischen, funktionalen und ökonomischen Gesichtspunkten bewertet werden. Wir brauchen, so Friedrich von Borries, eine politische Designtheorie. Der Mensch ist gezwungen, die Bedingungen, unter denen er lebt, zu gestalten. Geschieht dies so, dass Handlungsoptionen reduziert werden, haben wir es mit Unterwerfung zu tun.
In seinem Manifest plädiert von Borries für ein entwerfendes Design (des Überlebens, der Sicherheit, der Gesellschaft, des Selbst), das sich der totalitären Logik des Kapitalismus entzieht und gegen die Ideologie der Alternativlosigkeit neue Formen des Zusammenlebens imaginiert.

Friedrich von Borries, geboren 1974, lehrt Designtheorie an der Hochschule für bildende Künste Hamburg. Im Suhrkamp Verlag erschienen zuletzt *Wer hat Angst vor Niketown* (es 2652), *Klimakapseln. Überlebensbedingungen in der Katastrophe* (es 2615) sowie die Romane *1WTC* (2011) und *RLF* (2013).

Friedrich von Borries

WELTENTWERFEN

Eine politische Designtheorie

Suhrkamp

6. Auflage 2024

Erste Auflage 2016
edition suhrkamp 2734

Originalausgabe

Druck und Bindung: C.H. Beck, Nördlingen
Umschlag gestaltet nach einem Konzept
von Willy Fleckhaus: Rolf Staudt
Abbildung Schutzumschlag: © Bernhard Leitner
Printed in Germany
ISBN 978-3-518-12734-6

www.suhrkamp.de

Suhrkamp Verlag AG
Torstraße 44, 10119 Berlin
info@suhrkamp.de

Inhalt

ENTWERFEN

1 Entwerfen ist das Gegenteil von Unterwerfen.

Entwerfen. Unterwerfen. Alles, was gestaltet ist, unterwirft uns unter seine Bedingungen. Gleichzeitig befreit uns das Gestaltete aus dem Zustand der Unterwerfung, der Unterworfenheit. Design[1] schafft Freiheit, Design ermöglicht Handlungen, die zuvor nicht möglich oder nicht denkbar waren. Indem es dies tut, begrenzt es aber auch den Möglichkeitsraum, weil es neue Bedingungen schafft. Alles, was gestaltet ist, entwirft und unterwirft. Design ist von dieser sich bedingenden und ausschließenden Gegensätzlichkeit grundlegend ge-

1 Es gibt sehr viele, sich teilweise widersprechende Versuche, den Begriff »Design« zu definieren; er wurde in der Geschichte unterschiedlich benutzt, und die verschiedenen historischen und gegenwärtigen Synonyme und Vorläufer – wie z. B. »Gestaltung«, »Formgebung« oder »angewandte Kunst« – unterlagen ebenfalls Wandlungen und Verschiebungen, die alle in das weite Konnotationsfeld von »Design« im heutigen Verständnis hineinwirken. Da dieses Buch aber keine Geschichte des Designbegriffs sein soll, wird als Grundlage für die weiteren Ausführungen folgende Definition von »Design« vorgenommen: Design ist das planvolle – also absichtliche, vorsätzliche, zielorientierte – Gestalten von physischen und virtuellen Gegenständen, Innen- und Außenräumen, Information und sozialen Beziehungen. Dieser erweiterte Designbegriff umfasst also alles, was in disziplinär engeren Kontexten Produkt-, Industrie-, Grafik- und Kommunikationsdesign etc. genannt wird, darüber hinaus Architektur, Städtebau und Stadtplanung sowie Landschaftsarchitektur, aber auch Bereiche der bildenden Kunst und des sozialen und künstlerischen Aktivismus. Design wird als eine Praxis verstanden, die Materielles wie Immaterielles, Dinghaftes wie Zeichenhaftes so umschließt, dass, wie der Architekturtheoretiker Philip Ursprung thesenhaft formuliert, »Kunst und Architektur [...] im Design aufgehen« (Ursprung 2012, S. 119).

prägt. Diese dem Design inhärente Dichotomie[2] ist nicht nur eine gestalterische, sondern eine politische. Sie bedingt Freiheit und Unfreiheit, Macht und Ohnmacht, Unterdrückung und Widerstand. Sie ist das politische Wesen von Design.[3]

2 Diese hier behauptete Dichotomie entspringt dem Bedürfnis nach Klarheit, wohlwissend, dass die Trennlinien in der Wirklichkeit fließend sind und die besondere Wirksamkeit von Design sich entlang der unscharfen Trennlinien von Unterwerfendem und Entwerfendem entfaltet. Die hier vorgenommene Zuspitzung dient als heuristisches Instrument.

3 Man könnte dem entgegenhalten, dass es viele Gegenstände gibt, die gestaltet sind, ohne in irgendeiner Weise »politisch« zu sein. Nehmen wir z. B. einen Salzstreuer, also einen alltäglichen Gegenstand, der »Design« im konventionellen Sinne verkörpert. Auf den ersten Blick hat er keine politische Dimension. Er unterwirft nicht. Betrachtet man den Salzstreuer jedoch genauer, erscheint er nicht mehr als harmloses Objekt, sondern als eine, wenn auch kleine, Bedingung unseres Alltags. Er gibt uns die Freiheit, unser Essen so zu salzen, wie wir wollen, der Benutzer wird unabhängig von der Vorgabe des Koches (außer, der hat das Essen versalzen, dann ist eh alles verloren). Gleichzeitig gibt der Salzstreuer vor, wie schnell wir salzen; die Anzahl und Größe der Löcher bestimmt, wie viel Salz pro Bewegung auf den Teller kommt. Und der Salzstreuer grenzt uns ab von anderen Kulturen des Salzens. Wir nutzen nicht gemeinsam mit den Mitessenden ein offenes Schälchen, in das wir mit Daumen und Zeigefinger greifen, sondern den ummantelten, hygienischen Streuer, der nicht nur uns vom Salz, sondern auch die Mitglieder der Tischgemeinschaft voneinander entfernt. Der Salzstreuer ist also keineswegs nur ein funktionales Objekt, sondern schafft – oder löst – durch Design Beziehungen zwischen Mensch und Mensch und zwischen Mensch und Ding. Auch der Salzstreuer ist ein durch und durch politisches Designobjekt.

1.1 Entwerfen ist der Ausgang des Menschen aus der Unterworfenheit.

Das als Gegenteil zum Unterwerfen verstandene Entwerfen ist Ausgangspunkt für eine politische Perspektive auf Design, die Entwerfen als einen grundlegenden, emanzipatorischen Akt versteht.[4] Eine entsprechende Designtheorie baut auf Denkfiguren auf, die aus der Philosophie und den Sozialwissenschaften stammen. Grundlagen sind Überlegungen der Philosophen Martin Heidegger und Vilém Flusser, die sich beide mit dem Entwerfen befasst haben.

Martin Heidegger (1889-1976)[5] beschreibt den

4 Der Gegensatz von »Entwerfen« und »Unterwerfen« ist eine definitorische Setzung, die andere Ansätze bewusst ausblendet. Insbesondere in den Kulturwissenschaften gibt es Versuche, Entwerfen methodisch zu definieren. Dabei wird nicht nur die künstlerische und gestalterische Praxis des Entwerfens wissenschaftlich ergründet, sondern auch als wissenschaftlich legitimiert: Entwerfen wird – ergänzend zur wissenschaftlichen Epistemologie – als eine eigenständige künstlerische Form der Erkenntnisproduktion beschrieben.

5 Auf den ersten Blick scheint die Philosophie von Heidegger wenig mit Design zu tun zu haben. Dass sie sich nicht leicht erschließt, ist sicherlich ein Grund, warum sie keine große Rezeption im Designdiskurs fand. Dabei sind neben dem in *Sein und Zeit* formulierten Entwurfsbegriff noch andere Überlegungen von Heidegger für die Designtheorie relevant; dazu zählen seine Unterscheidung von »Zeug« und »Ding« in *Der Ursprung des Kunstwerks* (Heidegger 2012 [1936]) sowie die Überlegungen zur Ähnlichkeit von Sein und Wohnen in »Bauen Wohnen Denken« (Heidegger 2013 [1951]). Einige Designtheoretiker sind stark von Heidegger beeinflusst. Ich würde nicht für mich beanspruchen wollen, Heidegger und seine Ontologie verstanden zu haben; ich agiere eher wie ein Grabräuber der Theorie, bediene mich bei Heidegger – und anderen – verschiedener theoretischer

Menschen als ungefragt in die Welt gekommen, als in die Welt »geworfen«. Diese »Geworfenheit« ist für Heidegger eine Grundstruktur alles Seienden. Der Mensch ist jedoch nicht allein durch die Geworfenheit bestimmt, sondern auch durch den »Entwurf«. Heidegger schreibt in seinem Hauptwerk *Sein und Zeit* aus dem Jahre 1927: »Der Entwurf ist die existenziale Seinsverfassung des Spielraums des faktischen Seinkönnens. Und als geworfenes ist das Dasein in die Seinsart des Entwerfens geworfen.« (Heidegger 1986 [1927], S. 145) Der Mensch wurde nicht nur ungefragt auf die Welt gebracht, sondern auch unfreiwillig ein entwerfendes Wesen. Heidegger führt aus: »Das Entwerfen hat nichts zu tun mit einem Sichverhalten zu einem ausgedachten Plan, gemäß dem das Dasein sein Sein einrichtet, sondern als Dasein hat es sich je schon entworfen und ist, solange es ist, entwerfend.« (Ebd.)

Vilém Flusser (1920-1991)[6] führt diese fundamen-

Versatzstücke, um einen Entwurf für das, was ich »Weltentwerfen« nenne, zu entwickeln.

6 Als in den neunziger Jahren der Computer Einzug in die gestaltenden Disziplinen hielt, wurde Flusser von den Kulturwissenschaften als Medienphilosoph und Futurologe entdeckt. Dies ist insofern interessant, als Flusser keine akademische Karriere aufweisen konnte. 1920 in Prag geboren, brach er sein Philosophiestudium an der dortigen Universität 1939 nach zwei Semestern ab, da er als Jude vor den deutschen Besatzern flüchten musste. Einen Großteil seines Lebens verbrachte er in Brasilien, wo er seinen Lebensunterhalt in einer Turbinenfabrik verdiente. Er beschäftigte sich mit Medien und Sprache und wurde in seinem Werk stark von Heidegger und Hannah Arendt geprägt.

talontologischen Gedanken Jahrzehnte nach dem Erscheinen von *Sein und Zeit* weiter. Er fügt dabei Heideggers Konzept von Entwerfen ein politisch widerständiges Moment hinzu. Der Mensch, so Flusser, »stellt die Welt in erster Linie nicht mehr als ihm gegeben dar, sondern eher als von ihm entworfen, und sich selbst nicht mehr als dem Gegebenen unterworfen, sondern sich entwerfend.« (Flusser 1995, S. 307)

Das zentrale Element der Menschwerdung, so Flusser weiter, ist das Entwerfen, der Weg vom Subjekt zum Projekt. Während das »Sub-jekt« (von lateinisch *subiectum*, das Daruntergeworfene) also unterworfen ist, wirft oder denkt sich das Projekt nach vorne. Wenn wir entwerfen, befreien wir uns. Das ist der Wesenskern unseres Menschseins. Der Designer Otl Aicher (1922-1991)[7] postuliert

7 Otl Aicher war ein Grafiker, der sich als politischer Akteur verstand. Er verweigerte in der NS-Zeit den Kriegsdienst (er brachte sich selbst eine Verletzung bei, so dass er zunächst nicht in den Krieg musste; später desertierte er) und war ein Jugendfreund der Geschwister Scholl. Anfang der fünfziger Jahre heiratete er Inge Scholl, die Schwester der ermordeten Sophie und Hans Scholl, und gründete unter anderem mit ihr die HfG Ulm. In seinem Wohnort Rotis im Allgäu baute er mehrere Häuser und gründete die »autonome republik rotis«. Neben seiner Tätigkeit als Gestalter hat er auch ein theoretisches Werk geschaffen und trug zur Wiederentdeckung von Wittgensteins architektonischem Werk bei. Als einer der ersten Designer würdigte er dessen inzwischen berühmte Türklinke. Weil Aicher mit seinem Text *die welt als entwurf* (1991b) ein Pate der hier vorgestellten Überlegungen ist, sind die Überschriften von *Weltentwerfen* in der von ihm geschnittenen Schrift *rotis* gesetzt.

in diesem Sinne: »man kann die welt verstehen als entwurf. als entwurf, das heißt als produkt einer zivilisation, als eine von menschen gemachte und organisierte welt. [...] die welt, in der wir leben, ist die von uns gemachte welt. [...] entwürfe machen autonom. entwerfer sind gefährlich, gefährlich für jede hoheitliche autorität. [...] im entwerfen kommt der mensch zu sich selbst. [...] der entwurf ist das erzeugen von welt. [...] im entwurf nimmt der mensch seine eigene entwicklung in die hand. entwicklung ist beim menschen nicht mehr natur, sondern selbstentwicklung. [...] im entwurf wird der mensch das, was er ist. sprache und wahrnehmung haben auch tiere. aber sie entwerfen nicht.« (Aicher 1991b, S. 195 f.)

Entwerfen, verstanden als Gegenteil von Unterwerfen, ist die praktische Umsetzung der Aufklärung.[8] Entwerfen ist subversiv, gefährlich, aufrüh-

8 »Aufklärung«, so Immanuel Kant (1724-1804), »ist der Ausgang des Menschen aus seiner selbstverschuldeten Unmündigkeit« (Kant 1784, S. 481). Heute ist dieser Satz ein Allgemeinplatz, und natürlich hat Kant ihn nicht auf Design bezogen. Aber sind wir heute im kantischen Sinne aufgeklärt? Sind wir mündig, d. h., bestimmen wir über alle Aspekte unseres Lebens? Oder unterwerfen wir uns an vielen Stellen aus Bequemlichkeit den ökonomischen und kulturellen Bedingungen des globalen Kapitalismus sowie den damit verbundenen Formen von Unfreiheit? In dem, was wir gemeinhin Design nennen, materialisiert sich unsere Unmündigkeit: In der Art, wie wir uns kleiden, wie wir wohnen, mit welchen Dingen wir uns umgeben etc., lassen wir uns von der Ästhetik der kapitalistischen Kulturindustrie affizieren und geben uns ihren leeren Versprechungen hin. Ein sich als politisch verstehendes, entwerfendes Design stellt sich dieser Form von freiwilliger Unterwerfung entgegen.

rerisch. Entwerfen ist Befreiung. Entwerfen ist der Ausgang des Menschen aus seiner Unterworfenheit.

1.2 Entwerfen hat einen Gegenstand.

Entwerfen als Praxis des Designs hat immer einen Gegenstand, auf den es sich bezieht. Gegenstand hat dabei zwei Bedeutungen. Die erste Bedeutungsebene bezieht sich auf die Dinglichkeit des Gestalteten. Auch wenn Design unsichtbar sein kann (Burckhardt 2004 [1980]), weil es die Gestaltung von Prozessen, Beziehungen und Situationen mit einbezieht, assoziieren wir mit dem Begriff Design meistens etwas Gegenständliches, Dingliches. Doch dass Design einen Gegenstand hat, bedeutet noch etwas Grundsätzlicheres: dass uns etwas entgegensteht, gegen das wir angehen, dem wir uns entgegenstellen müssen, um die Welt zu einem besseren Ort zu machen. Zum Wesen des Gegenstandes schreibt Flusser: »›Gegenstand‹ ist, was im Weg steht, dorthin geworfen wurde. [...] Die Welt ist insoweit gegenständlich, objektiv, problematisch, insoweit sie hindert.« (Flusser 1993, S. 40) Diese zweite Bedeutungsebene von Gegenstand findet sich etymologisch auch im Begriff »Ob-jekt« (von lateinisch *obiectum*, das Entgegengeworfene).

1.2.1 Gegenstand von Design sind die Bedingungen.

Der durch Design zu überwindende Gegenstand von Design sind die Bedingungen des Lebens selbst, die jeder Designer durch die planvolle Gestaltung der Welt zu ändern versucht. Die Philosophin und politische Theoretikerin Hannah Arendt (1906-1975) befasste sich in ihrem Werk *Vita Activa* mit den Bedingungen des menschlichen Lebens, der *conditio humana.* »In dieser Dingwelt«, so Arendt, »ist menschliches Leben zu Hause, das von Natur in der Natur heimatlos ist.« (Arendt 2015 [1960], S. 16) Der Mensch lebt unter Bedingungen, die die Menschheit selbst geschaffen hat. »Was immer menschliches Leben berührt«, so Arendt weiter, »was immer in es eingeht, verwandelt sich sofort in eine Bedingung der menschlichen Existenz. Darum sind Menschen, was immer sie tun oder lassen, stets bedingte Wesen.« (Ebd., S. 19) Das, was wir gestalten, entsteht nicht voraussetzungslos. Unser Leben unterliegt Bedingungen. Wir entscheiden nicht frei, sondern bewegen uns in einem Feld von Normen, Werten, Prägungen. Die von uns erzeugten Dinge (und, im Sinne eines erweiterten Designbegriffs, auch die Räume, Beziehungen und Ordnungen) sind diesen Bedingungen unterworfen. Diese Bedingungen sind in der Welt, in die wir geworfen sind, gegeben – und werden durch das Design, das wir projektierend der Welt entgegenwerfen, verändert.

1.2.2 Design verdinglicht Bedingungen.

Verdinglichung bedeutet, dass unter den Bedingungen der kapitalistischen Produktionsverhältnisse auch der Mensch selbst zu einem Ding wird: durch den Verkauf seiner Arbeitskraft, seines Wissens und seiner Kreativität, der Produkte seiner Arbeit. Er tut dies, um wiederum Dinge, Waren, konsumieren zu können. »Eine Ware«, schreibt Karl Marx (1818-1883), »scheint auf den ersten Blick ein selbstverständliches, triviales Ding« zu sein (Marx 1968 [1867], S. 85). Aber sobald das Produkt menschlicher Arbeit als Ware auftrete, verwandele es sich »in ein sinnlich übersinnliches Ding« (ebd.). Dabei entspringt der übersinnlich-mystische Charakter der Ware aus der Warenform selbst. Denn der Wert einer Ware bestimmt sich nicht auf Grundlage des Gebrauchswertes oder der benötigten Arbeitszeit, sondern ist Ausdruck eines gesellschaftlichen Verhältnisses. Das »bestimmte gesellschaftliche Verhältnis der Menschen selbst« nimmt »hier für sie [die Menschen] die phantasmagorische Form eines Verhältnisses von Dingen« an (ebd., S. 86). Das Resultat ist eine Verdinglichung der gesellschaftlichen Verhältnisse. Mit der Verdinglichung geht eine Entfremdung einher, der Mensch wird sich selbst, anderen Menschen, seiner ganzen Lebenswelt gegenüber entfremdet – und vor allem dem Produkt seiner Arbeit, die nun Ware ist. Die Menschen beginnen, sich selbst und andere, so der Philosoph Theodor W. Adorno (1903-1969), »wie Sachen« zu behandeln (Adorno 1980 [1951], S. 46).

Die Gesellschaft, in der diese Form von Entfremdung möglich ist, baut auf einer Täuschung auf. Es scheint, als ob nicht die Menschen selbst, sondern Waren ein gesellschaftliches Verhältnis eingehen würden. Dieses sucht Marx mit dem Begriff »Fetischismus« zu fassen. Die Ware ist der Fetisch. Und für die ihre Arbeitsprodukte tauschenden Menschen besitzt ihre »eigene gesellschaftliche Bewegung [...] die Form einer Bewegung von Sachen, unter deren Kontrolle sie stehen, statt sie zu kontrollieren« (Marx 1968 [1867], S.89). Die von Marx analysierte Verkehrung, der Fetischcharakter der Ware und die damit einhergehende Überhöhung der von den Menschen produzierten Dinge, ist in der Massenkonsumgesellschaft durch die Kulturindustrie perfektioniert worden.

Man kann den Begriff »Verdinglichung« aber auch so verwenden, dass er die Verdinglichung von Bedingungen durch Design bezeichnet. Dann können die Lebensumstände, in denen sich die Menschen in der Welt befinden, als Produkte, als Designobjekte verstanden werden. Sie treten materiell oder strukturell in Erscheinung. Design im Sinne des Begriffs *De-Signum*, der »Ent-zeichnung« (vgl. Flusser 1993, S. 9), legt offen, welche gesellschaftlichen, ökonomischen, politischen, kulturellen Bedingungen der Gestaltung der Dinge zugrunde liegen. Design kann damit als Ausdruck von Normen, aber auch von Ängsten und Hoffnungen verstanden werden: Es verdinglicht die Bedingungen. So werden diese anschaulich, greifbar und entfalten ihre Rückwirkung auf den Menschen. Gleichzeitig werden dadurch die Bedingungen selbst zum Gegenstand von Design.

1.2.3 Die Verdinglichungen erzeugen die Bedingtheiten.

Das, was wir erzeugen, beeinflusst die Bedingungen, unter denen wir leben. Das Verhältnis von gesellschaftlichen Bedingungen und dem Dinglichen des Designs sind die Bedingtheiten. Die Bedingtheit beschreibt den Zusammenhang zwischen den Dingen und der Welt, in der sie sich befinden. Oder mit den Worten Arendts: »Was in [der] Welt erscheint, wird sofort Bestandteil der menschlichen Bedingtheit.« (Arendt 2015 [1960], S. 19)

1.2.4 Bedingungen, Verdinglichung und Bedingtheiten stehen in einer Wechselbeziehung.

Die Dinge, das von uns erzeugte Zeug[9] und die sie beherbergenden Räume und Orte sind die Bedingtheiten unseres Lebens (oder zumindest Repräsentanten der Bedingungen, in und unter denen wir leben). Die Analyse der zugrunde liegenden Wech-

9 Heidegger untersucht in *Der Ursprung des Kunstwerks* den Charakter der von Menschen hervorgebrachten Dinge. Dabei differenziert er zwischen »Ding« und »Zeug«. Während die Kategorie »Ding« alles »Seiende« umschließt, ist das »Zeug« das vom Menschen bewusst »erzeugte«. Die Gegenstände, die er »Zeug« nennt, weisen zudem »Dienlichkeit« und »Verläßlichkeit« als wichtige Attribute auf. »Zeug« sind Gebrauchsgegenstände, die auch verschleißen können und dann zum »bloßen Zeug« verkommen. Sie sind dem Menschen näher als andere, etwa natürliche Dinge, da sie von ihm für bestimmte Zwecke geschaffen wurden. Ebenso wie Kunstwerke sind sie »geschaffen«, jedoch bleiben sie unsichtbar und verborgen in ihrer »Dienlichkeit«: »Je handlicher ein Zeug zur Hand ist, um so unauffälliger bleibt es, [...] um so ausschließlicher hält sich das Zeug in seinem Zeugsein.« (Heidegger 2012 [1936], S. 28 ff.)

selbeziehung von Bedingungen, Verdinglichung und Bedingtheiten ist die Grundlage einer politischen Designtheorie, denn in der Analyse der gestalteten Dinge (Gegenstände, Räume, Beziehungen etc.) erschließen sich die jeweiligen politischen, kulturellen und ökonomischen Rahmenbedingungen.

1.3 Entwerfendem Design steht unterwerfendes Design gegenüber. Die Grenzen sind fließend.

Nicht jedes Design ist entwerfend. Im Gegenteil, Design kann, wie der Designer und Designtheoretiker Victor Papanek (1923-1998) in seinem 1971 erschienenen Buch *Design for the Real World* ausführt, Schlimmstes bewirken, also nicht befreien, sondern unterdrücken. »Es gibt Berufe, die mehr Schaden anrichten als der des Industriedesigners, aber viele sind es nicht. Verlogener ist wahrscheinlich nur noch ein Beruf: Werbung zu machen, die Menschen davon überzeugen, dass sie Dinge kaufen müssen, die sie nicht brauchen, um Geld [auszugeben], das sie nicht haben, damit sie andere beeindrucken, denen das egal ist – das ist vermutlich der schlimmste Beruf, den es heute gibt. Die industrielle Formgebung braut eine Mischung aus billigen Idiotien zusammen, die von den Werbeleuten verhökert werden. [...] Früher [...] musste man, wenn man gerne Menschen umbrachte, noch General werden, ein Kohlekraftwerk kaufen oder Kernphysik studieren. Heute kann durch industrielle Formgebung Mord auf Basis der Massenproduktion erfolgen.« (Papanek 2009 [1971], S. 7)

Nicht jedes Design ist emanzipatorisch. Design kann sowohl entwerfend als auch unterwerfend sein. Dass die Grenzen dazwischen fließend sind, bürdet Designern die Verpflichtung auf, sich immer wieder mit den Verwertungskontexten und Instrumentalisierungen ihrer Arbeit auseinanderzusetzen.

1.3.1 Unterwerfendes Design ist entmächtigend.

Unterwerfendes Design bringt Objekte, Räume und Kontexte hervor, die die Handlungsmöglichkeiten ihrer Benutzer nicht – oder nur in einem vorgegebenen Rahmen – erweitern. Unterwerfendes Design bestätigt bestehende Herrschafts- und Machtverhältnisse, indem es diese funktional und ästhetisch manifestiert. Ein modernes Hochhaus wirkt dabei nicht anders als eine barocke Schlossanlage, und eine Monstranz unterscheidet sich in ihrer Wirkungsweise nicht von einem Smartphone. In beiden Fällen dient die Gestaltung der Verherrlichung eines Identifikationsangebotes, dem der Mensch sich unterwerfen soll. Auch ein vermeintlich neutrales, funktionalistisches Design, das sich nur einer unpolitischen Problemlösung verschrieben zu haben meint, entgeht nicht der immanenten Bindung des Designs an die Sphäre des Politischen. Denn oft sichert ein problemlösungsorientiertes Design die bestehende Ordnung – und übernimmt damit, auch ohne es zu wollen, eine politische Funktion.

1.3.1.1 Das gesellschaftliche System der Gegenwart basiert auf Suggestion. In der Suggestionsgesellschaft erfolgen Entmächtigung und Unterwerfung freiwillig.

Im gegenwärtigen westlichen System erfolgt die Unterwerfung nicht primär durch Zwang, sondern freiwillig. Man kann daher heute einen neuen Typ von Gesellschaft diagnostizieren: die Suggestionsgesellschaft.[10] Sie beruht nicht auf Disziplinierung

10 Der Philosoph Michel Foucault (1926-1984) beschreibt in *Überwachen und Strafen* (Foucault 1994 [1975]) die Funktionsweise der Disziplinargesellschaft, die, wie der Philosoph Gilles Deleuze (1925-1995) im *Postscriptum über die Kontrollgesellschaften* (Deleuze 1993) zeigt, später von der Kontrollgesellschaft abgelöst wurde. Die Herrschaftsmechanismen der Kontrollgesellschaft werden vom kontrollierten Subjekt unbewusst internalisiert, weshalb es keiner Kontrolle mehr bedarf. Doch die Gegenwart ist komplexer, als Deleuze es beschreibt; wir wissen, dass wir kontrolliert und manipuliert werden, wir haben also die Kontrolle keineswegs internalisiert, sondern lassen uns bewusst auf sie ein, weil wir meinen, dass die unterschiedlichen Formen von Kontrolle uns Vorteile bringen und sinnvolle Serviceleistungen darstellen. Nur ein paar Beispiele: Der Ortungsdienst eines Mobiltelefons dient, so reden wir uns ein, nicht nur unserer Überwachung, sondern verbessert die Services, etwa von Google Maps. Wir reden uns ein, die von der Krankenkasse finanzierte Smartwatch sei lediglich eine Maßnahme, die unsere Gesundheit fördert. Weiter glauben wir gern, die Sensoren der Smart City würden Umweltbelastungen reduzieren, unser Leben sicherer machen – und die dazu notwendige Überwachung diene allein diesen Zielen ... In der Suggestionsgesellschaft sind sich die Subjekte der Kontrolle bewusst. Sie unterwerfen sich ihr, weil sie sie für vorteilhaft halten. Weder ist die Gesellschaft transparent, wie der Philosoph Byung-Chul Han (*1959) in *Transparenzgesellschaft* behauptet (Han 2012b), noch ist die Kontrolle komplett internalisiert. Vielmehr ist die behauptete Kontrollnotwendigkeit so verinnerlicht, dass sie als Grundlage der

und Kontrolle, sondern ist von Freiwilligkeit geprägt; wir müssen nicht zur Unterwerfung gezwungen werden, sondern begeben uns freiwillig in Kontexte, in denen wir überwacht, kontrolliert und manipuliert werden können. Denn Unterwerfung bedeutet auch Entlastung, sie befreit von der Last der Entscheidung, von den Herausforderungen der Freiheit. Diese freiwillige Unterwerfung ist nur durch eine gleichzeitige Täuschung möglich, der kollektiven Übereinkunft, bestehende Zwangsstrukturen auszublenden und Freiheit zu simulieren. An die Stelle von Kritik, Opposition und Widerstand tritt die Selbsttäuschung: die Autosuggestion von Unabhängigkeit, Selbstverwirklichung und Entfaltung.

1.3.1.2 Die Entmächtigung manifestiert sich in der Simulation von Entfaltungsmöglichkeiten.

Die Freiwilligkeit der Unterwerfung beruht aber auf einer Täuschung. Denn die Entmächtigung in der Konsumkultur wird nicht als Entmächtigung erlebt, sondern als Bereitstellung von Erlebnis- und Entfaltungsmöglichkeiten. Überwachung wird als Service verstanden, Unterwerfung als Selbstverwirklichung. Die Autosuggestion der Gegenwart besteht darin, dass wir glauben, uns zu entfalten, während die vermeintlichen Erfahrungs- und Ent-

eigenen Entfaltungsmöglichkeit verstanden wird. Deshalb kann die Suggestionsgesellschaft als eine Verfeinerung der Kontrollgesellschaft verstanden werden, die nicht auf die Instrumente der Disziplinargesellschaft verzichtet.

faltungsmöglichkeiten in Wirklichkeit von Anfang an definiert, begrenzt und kontrolliert sind. So wie der Spieler eines Computerspiels denkt, er würde eigene Entscheidungen treffen, sich dabei aber nur zwischen programmierten Handlungsmöglichkeiten entscheiden kann, navigieren wir durch die Gesellschaft der Suggestion. Die angebotene »Freiheit« und »Selbstentfaltung« ist ein Fake, jedwede Handlungsmöglichkeit ist *scripted*, in der Programmstruktur angelegt. Die *condition humaine* der Gegenwart ist Täuschung und Selbstbetrug.

Das Dogma der Selbstentfaltung und die damit verbundenen Versprechen wie »Du darfst« und Aufforderungen wie »Just do it« suggerieren Optionen, die gar nicht existieren. Die gewährten Optionen verlassen nie den vom System vorgegebenen und ihn schützenden und erhaltenden Rahmen; sie geben vor, dass alles möglich sei und ein Scheitern allein an unserem individuellen Unvermögen liege. So führt die Suggestion von Freiheit und Optionalität zu einer tiefen Frustration, zu einer Verzweiflung, an der wir zu zerbrechen drohen, wenn wir ihre unterwerfende Funktion nicht durchschauen. Byung-Chul Han schreibt in *Agonie des Eros*: »*Du kannst* erzeugt massive Zwänge, an denen das Leistungssubjekt regelrecht zerbricht. Der selbstgenerierte Zwang erscheint ihm als Freiheit, so dass er nicht als solcher erkannt wird. *Du kannst* übt sogar noch mehr Zwang aus als *Du sollst*. Der Selbstzwang ist fataler als der Fremdzwang, weil kein Widerstand gegen sich selbst möglich ist. Das neoliberale Regime verbirgt seine Zwangsstruktur hinter der scheinbaren Freiheit des einzelnen Individuums, das sich nicht mehr als unterworfenes Subjekt, sondern als entwerfendes Projekt begreift. Darin besteht seine List. Wer scheitert, ist außerdem selbst schuld und trägt die Schuld fortan mit sich herum.« (Han 2012a, S. 16 f.)

1.3.2 Entwerfendes Design ist ermächtigend.

Diesen systembestätigenden und -stabilisierenden Haltungen stehen subversive und emanzipatorische Ansätze gegenüber. Die Autoren und Akteure eines entwerfenden Designs versuchen, dadurch Alternativen zum gesellschaftlichen Status quo aufzuzeigen und eine bessere Gesellschaft zu erschaffen, in der die Beziehungen der Menschen untereinander und zu ihrer Umwelt[11] neu organisiert sind. Das entwerfende Design versucht deshalb, seinen Benutzern und Rezipienten echte Handlungsspielräume für ihr Leben zurückzugeben. Es stattet sie mit den Technologien, Werkzeugen, Instrumenten und Symbolen eines selbstbestimmten Lebens aus.

11 Auch wenn Entwerfen nach Aicher der wesentliche Unterschied zwischen Menschen und Tieren ist, ist entwerfendes Design nicht zwingend anthropozentrisch; es kann nicht nur den Interessen von Menschen, sondern z. B. auch von Tieren oder der Umwelt als Ganzes dienen.

1.3.2.1 Entwerfendes Design kritisiert Design durch Design.

Dem Dilemma, mit Design unwillkürlich dem Erhalt des kapitalistischen Systems (und der Stärkung des neoliberalen Regimes) zu dienen, entgeht auch entwerfendes Design nicht. Deshalb muss es seine eigene Praxis immer auch als Kritik an der eigenen Praxis verstehen, also Design mit Design kritisieren. Zur Praxis eines solchen, im wahrsten Sinne des Wortes »kritischen« Designs[12] gehört nicht nur das Entwerfen des Gegenstands, sondern auch von dessen Kontext. Es gilt also zumindest, die eigene Rolle, die eigene Involviertheit in bestehende Herrschaftsverhältnisse und ihre politischen, kulturellen und ökonomischen Systeme mit gestalterischen Mitteln zu analysieren – und die Ergebnisse dieser Analyse in der eigenen gestalterischen Praxis produktiv werden zu lassen.

1.3.2.2 Da unterwerfendes Design entwerfendes Design camoufliert, muss sich entwerfendes Design immer wieder neu erfinden.

Im sich ständig erneuernden Kapitalismus ahmt unterwerfendes Design entwerfendes Design nach, tarnt sich als entwerfend, um seinen unterwerfenden Charakter zu verbergen. Unterwerfendes und

12 Der Begriff »critical design« wurde in den neunziger Jahren von dem Londoner Designer-Duo Anthony Dunne (*1964) und Fiona Raby (*1963) geprägt. Sie bezeichnen damit ein konzeptionelles Design, das Design und seine gesellschaftlichen Rahmenbedingungen durch Fiktionalisierung und spekulative Experimente zu hinterfragen sucht.

entwerfendes Design stehen in einer unaufhebbaren Wechselbeziehung und bedingen einander.[13] In dem Maße, in dem entwerfendes Design unterwerfendes Design kritisiert, trägt es zu dessen Optimierung bei. Denn das Gegenüber schläft nicht, sondern ist wachsam und entwickelt sich weiter. Entwerfendes Design muss sich deshalb immer wieder neu erfinden. Es ist dem unterwerfenden Design unterworfen, weil das unterwerfende Design den Entwerfenden zur ständigen Veränderung, Verbesserung, Weiterentwicklung – in der Sprache des Marktes: zur permanenten Innovation – zwingt. Auch entwerfendes Design muss sich weiterentwickeln, vorausdenken, innovativ sein.

13 Diese Wechselbeziehung drückt sich auch biografisch aus. Ein Beispiel dafür ist die Architektengruppe Coop Himmelblau (später: Coop Himmelb(l)au). Ihre Mitglieder verstanden sich als Teil der Gegenkultur und entwickelten unter dem Motto »Architektur muss brennen« in den sechziger und siebziger Jahren in Wien eine provokante Architektursprache. Zwar haben sie diese Architektursprache beibehalten, diese ist aber nicht länger Ausdruck der Gegenkultur, sondern des Mainstream. Zu den bedeutenden jüngeren Bauten von Coop Himmelb(l)au zählt neben der BMW-Erlebniswelt in München die Europäische Zentralbank in Frankfurt am Main. Die einst gegenkulturelle, provozierende Geste ist zur Repräsentationsform der Macht geworden. Dieser Bedeutungswandel ist kein Einzelfall, er lässt sich in fast allen gegenkulturellen Bewegungen der letzten sechzig Jahre feststellen – von der Studentenrevolte über die Punks bis hin zu Graffiti-Künstlern.

1.3.3 Das Spannungsfeld von Unterwerfen und Entwerfen findet sich in allen Bereichen von Design.

Das Spannungsfeld von unterwerfendem und entwerfendem Design zieht sich durch alle Tätigkeitsfelder von Designern. Ein Stuhl kann entwerfend sein, aber auch unterwerfend.[14] Gleiches gilt für Gebäude, Landschaften, wie auch für die unsichtbaren Bereiche des Designs, wie das Design der sozialen Beziehungen, der ökonomischen Ordnung oder der Technologien, mittels derer wir kommunizieren. Ob das jeweilige Ergebnis eines Designprozesses ent- oder unterwerfend ist, hängt jedoch nicht vom Maßstab, den verwendeten Methoden oder der Materialität ab, sondern vom Kontext, in dem es eingesetzt, verwendet, produziert wird.[15]

14 Ein Thron ist unterwerfend, er fordert die Anerkennung des Besitzers durch die Umstehenden, ein Motiv, dass die Gestaltung vieler Sitzmöbel bestimmt: Wir kennen den Chefsessel mit hoher Rückenlehne oder den Esszimmerstuhl mit Armlehnen, der am Kopfende des Esstisches steht. Der Stuhl dient der Repräsentation von Macht und ist damit unterwerfend. Ein Stuhl kann aber auch entwerfen, wie sich an einer der Ikonen des modernen Designs, dem Freischwinger, zeigen lässt. Im Freischwinger löst sich das statische Sitzen in ein dynamisches Schwingen auf, in ein Moment der Freiheit, das die stabilen Verhältnisse infrage stellt: ein materialisierter Paradigmenwechsel, der veranschaulicht, dass durch Design gesellschaftliche Konventionen und Machtverhältnisse umgeworfen werden können. Doch das Verhältnis von Stuhl und Gesellschaft wird nicht nur durch den Entwurf, sondern auch durch seine Nutzung bestimmt; der revolutionäre Freischwinger der Industriemoderne wurde zum chromblitzenden, Leder bewehrten Statussymbol des Nachkriegsbiedermeier, das sich in der eigenen Fortschrittlichkeit sonnte.

15 Exemplarisch für die Kontextabhängigkeit von Design sei hier

der 1974 von Enzo Mari (*1932) entworfene Stuhl »Sedia 1« genannt. Der Stuhl ist Teil der Möbelserie »autoprogettazione?«. Der zukünftige Benutzer sollte sich die notwendigen Materialien im Einzelhandel besorgen und den Stuhl nach einer von Mari entworfenen Anleitung selber bauen. Als symbolisches Honorar für den Designer, so Maris Idee, war ein Dollar vorgesehen. Der Entwurf von Mari ist also eine Aufforderung zur Selbstermächtigung und gleichzeitig ein gut gestaltetes und äußerst preiswertes Möbel. Wie viele Menschen das Möbel selbstständig produziert haben, ist nicht bekannt. In den nuller Jahren kaufte die finnische Möbelfirma Artek Mari die Lizenz für die gesamte Reihe ab, während der Möbelmesse in Mailand fanden 2010 aufwendige Präsentationsevents statt. Nun kostete das Selbstbau-Set aber nicht mehr einen Dollar, sondern 261 Euro. Aus einem sozialen Projekt wurde ein »normales« Designermöbel, das seinen Preis nicht über das verwendete Material rechtfertigt, sondern über seine durch Marketing gepushte symbolische Aufladung. Eine weitere Renaissance erlebte der Stuhlentwurf 2014, als zwei Berliner ein Designprojekt starteten, mit dem sie Flüchtlinge unterstützen wollten. Die Flüchtlinge, so die Idee der Initiative Cucula, sollten Möbel bauen und damit sowohl ihren Lebensunterhalt verdienen als auch Stolz und Würde zurückerlangen – und natürlich Sichtbarkeit für ihre Lebenssituation erzeugen. Zu den Möbeln, die die Flüchtlinge bauen und die Cucula verkauft, zählt auch Enzo Maris »Sedia 1«. Es entstand eine Sonderedition aus Treibholz, das in Lampedusa gesammelt worden war. Der aus dem Holz untergegangener Flüchtlingsboote gebaute Designklassiker wird zum politisch-korrekten Must-have der sich als progressiv verstehenden Designszene. Unterwirft sich Cucula damit der Marketinglogik der Gegenwart – oder unterläuft es diese? Besonders interessant wird das Projekt an dem Punkt, an dem sich Ökonomisches und Politisches überschneiden. Dies betrifft z. B. die Lizenzvergabe. Denn Mari gewährte Cucula eine Lizenz für den Bau von »Sedia 1«-Stühlen durch Flüchtlinge. So gab er der Initiative ein Instrument an die Hand, um bei der Beantragung von Aufenthaltserlaubnissen nachzuweisen, dass die Flüchtlinge keine Arbeitsplätze besetzen, die von bereits in Deutschland lebenden Arbeitskräften übernommen werden könnten.

1.4 Design ist politisch, weil es in die Welt interveniert. Dies erfordert eine politische Haltung des Designers.

Viele Designer verstehen ihre gestalterische Arbeit nicht als politisch. Aufgrund des Spannungsfelds von Entwerfen und Unterwerfen ist Design, im Gegensatz zur freien Kunst, aber immer politisch.[16] Design gestaltet die Form, in der eine Gesellschaft ihr Zusammenleben organisiert. Design ist seinem Wesen nach interventionistisch, denn es greift konkret in Objektkonstellationen, Räume, Beziehungen ein. Mit dem Gestalteten positioniert sich daher jeder Designer – bewusst oder unbewusst – zur bestehenden gesellschaftlichen Ordnung. Sie wird bestätigt, unterstützt, kritisiert oder unterlaufen, was sich in der Geschichte des De-

16 Mit dem Begriff »Politik« meine ich hier nicht das Alltagsgeschäft des Politikbetriebes, sondern die grundsätzliche Frage nach der Verfasstheit einer Gesellschaft und der tatsächlichen Organisation ihres Zusammenlebens. Man könnte dieser Annäherung nun vorhalten, sie sei ein Rückfall in einen idealistischen Politikbegriff. Denn in einer Zeit, in der Politik – aus gutem Grund – nicht mehr für die Sinnstiftung, sondern nur noch für die Verwaltung des Alltags zuständig ist, differenziert sich die Suche nach Sinn in andere Lebensbereiche aus. Man könnte also so weit gehen, dass der Bedeutungszuwachs von Design umgekehrt proportional zum Bedeutungsverlust des Politischen ist. Design, verstanden als die Gestaltung unserer Lebenswelt, ist heute ein sinnstiftendes Element. Und genau in dem Moment, in dem das vermeintlich unpolitische Design in den Kontext grundsätzlicher gesellschaftspolitischer Fragen gestellt wird, in dem die Gestaltung der Lebenswelt also nicht individuell-hedonistisch, sondern kollektiv-verantwortungsvoll verstanden wird, findet eine »Rückeroberung« des Politischen statt.

signs ebenso aufzeigen lässt wie in seiner Gegenwart.[17] Das politische Moment ist aber nicht nur in dieser spezifischen Spannung begründet, sondern auch in den Wirkmechanismen von Design. Design ist politisch, weil Design in die Beschaffenheit der Welt eingreift. Wer etwas gestaltet, möchte die Welt, in der er lebt, ändern. Deshalb spiegeln sich in den Gegenständen von Design die Bedingungen und die Bedingtheiten des menschlichen Zusammenlebens wider. Es wird vom Politischen bestimmt und bestimmt zugleich das Politische. Diese grundsätzliche Verbindung von Design und

17 Prominente Beispiele für die politische Blindheit – oder Flexibilität – vieler Gestalter sind die berühmten Architekten Ludwig Mies van der Rohe (1886-1969), Walter Gropius (1883-1969) und Le Corbusier (1887-1965). Sie haben mit erschreckend großer Anpassungsfähigkeit ihre Gestaltungskompetenz unterschiedlichen politischen Ideologien angedient. So entwarf Mies van der Rohe 1926 das Denkmal für Rosa Luxemburg und Karl Liebknecht auf dem Zentralfriedhof Berlin-Friedrichsfelde, suchte dann aber ab 1933 nach Wegen, um mit den Nationalsozialisten zusammenzuarbeiten. Nach seiner Emigration in die USA war er Miterfinder der amerikanischen Nachkriegsmoderne, die das Wesen der westlichen Demokratie ästhetisch zu repräsentieren beanspruchte. Einen ähnlichen Weg nahm Walter Gropius, der bis 1938 in Deutschland blieb und zunächst ebenfalls versuchte, mit dem NS-Regime zusammenzuarbeiten. Die wohl höchste politische »Flexibilität« wies Le Corbusier auf. Er beteiligte sich 1927 am Wettbewerb für den Völkerbundpalast in Genf, versuchte aber auch, Aufträge von Mussolini zu erhalten. 1932 beteiligte er sich am Wettbewerb für den Palast der Sowjets in Moskau. Und ab 1947 realisierte er den Hauptsitz der Vereinten Nationen in New York. Es gehört zu den traurigen Wahrheiten der Moderne, dass viele ihrer Avantgardisten sich politischen Systemen in die Arme warfen, die die unterschiedlichsten Modernisierungsphantasmen propagierten.

Politik ist Grundlage der politischen Wirksamkeit von Design.

1.4.1 Politik ist Gegenstand von Design.

Design ist nicht nur grundsätzlich politisch, sondern das Politische selbst kann ganz konkret Gegenstand von Design sein:

- Gegenstand von Design sind Politiker, weil sie ihr Erscheinungsbild und Auftreten nach den Vorgaben der Marktforschung gestalten.
- Gegenstand von Design sind politische Programme, deren Inhalte als Identifikationsangebote wie Konsumprodukte inszeniert werden. In der »marktkonformen Demokratie«[18] ist das politische Programm warenförmig geworden.
- Gegenstand von Design sind die aus politischen Entscheidungen erwachsenden Gestaltungsaufgaben.
- Umgekehrt sind politische Prozesse Reaktionen auf fehlgeschlagene oder problemerzeugende Ergebnisse von Designprozessen.

Design und Politik sind nicht voneinander unabhängig, sondern bedingen einander. Diese wechselseitige Bedingtheit von Design und Politik erfordert eine politische Haltung des Designers.

18 Den Begriff »marktkonforme Demokratie« prägte Angela Merkel auf einer Pressekonferenz am 1. September 2011; vgl. dazu die unter {https://www.bundesregierung.de/ContentArchiv/DE/Archiv17/Mitschrift/Pressekonferenzen/2011/09/2011-09-01-merkel-coelho.html} verfügbare Mitschrift ihres Statements (Stand Juli 2016).

1.4.2 Eine politische Designtheorie bestimmt sich nach gesellschaftspolitischen Fragestellungen.

Wird Design als politisch verstanden, bedarf es neben der politischen Haltung, also der individuellen Positionierung des Gestalters zu seinem Gegenstand, auch einer politischen Designtheorie, um das gestalterische Handeln aus politischer Perspektive analysieren und in die unterschiedlichen politischen Kontexte einordnen zu können. Eine politische Designtheorie bestimmt ihre Struktur deshalb nicht anhand von designimmanenten Themen, sondern nach gesellschaftspolitischen Fragestellungen, an denen der Gegensatz von Entwerfen und Unterwerfen deutlich wird. Zur Strukturierung der Praxis von Design werden dafür im Folgenden vier Kategorien verwendet: Überlebensdesign, Sicherheitsdesign, Gesellschaftsdesign und Selbstdesign.[19] Sie stehen gleichberechtigt neben-

19 Diese auf den ersten Blick reduktionistische Einteilung der Arbeitsanordnung ist von der maslowschen Bedürfnispyramide inspiriert. Der amerikanische Sozialpsychologe Abraham Maslow (1908-1970) gilt als einer der Begründer der humanistischen Psychologie. Das Modell der Bedürfnispyramide entwickelte er in den vierziger und fünfziger Jahren des 20. Jahrhunderts. Er ging davon aus, dass der Mensch an und für sich »gut« sei. Negativität – also Destruktivität, Zynismus, Gewalt etc. – seien keine menschlichen Grundeigenschaften, sondern Reaktionen auf die Nichtbefriedigung von Bedürfnissen. Diese Bedürfnisse stellte er als eine Pyramide dar. Den Sockel bilden die »physiologischen Grundbedürfnisse« (z. B. Wasser, Sauerstoff, Nahrung, aber auch Ausruhen, Schlafen, Schmerzen vermeiden und Sex), als nächste Stufen folgten das »Bedürfnis nach Schutz und Sicherheit«, das »Bedürfnis nach Liebe und Zuneigung«, das nach »Wertschätzung« und

einander, treten miteinander in Beziehung, bauen aufeinander auf, um sich schließlich ineinander aufzulösen.

1.5 Es gibt gutes und schlechtes Design.

Das Ziel einer politischen Designtheorie besteht darin, Orientierung in Bezug auf eine wesentliche Frage zu bieten, die sich jeder Designer stellt: Die Frage nämlich, ob das Ergebnis eines Designprozesses gut oder schlecht ist.

In der Geschichte des Designs gab es etliche Versuche, Kriterien für Qualitätsurteile über Design zu finden. Man wollte festlegen – und sich damit auch gegenüber anderen Strömungen innerhalb der jeweiligen Debatte über Bedeutung und Aufgabe von Gestaltung abgrenzen –, was eine »gute Form« sei. Dabei wurde Design entweder ästhetisch oder funktional (zum Beispiel nachhaltig oder kostengünstig) oder gar nach ökonomischem Erfolg bewertet. Politische und ethische Kriterien wurden lange abgelehnt. Ein Beispiel für eine solche unpo-

schließlich als Spitze die »Selbstverwirklichung« bzw. – je nach Fassung des von ihm stets verfeinerten Modells – das »Bedürfnis nach Transzendenz«. Heute gilt Maslows Ansatz als überholt. Die Bedürfnisse des Menschen sind komplexer, als es Maslow in seiner Pyramide darzustellen vermochte. Als heuristisches Instrument für den Versuch, die gegenwärtigen Tätigkeitsfelder von Design zu beschreiben, erscheint mir die Verwendung der Bedürfnispyramide dennoch sinnvoll – insbesondere, weil sie noch heute im Marketing angewendet wird. Für eine politische Designtheorie, die sich einem auf ökonomische Verwertung ausgerichteten Verständnis von Design entgegenstellen will, eine auf interessante Weise doppeldeutige Referenz.

litische Perspektive auf Design sind die von dem Designer Dieter Rams (*1932) ab den achtziger Jahren des 20. Jahrhunderts aufgestellten »Zehn Thesen zum Design«.[20] Sie reißen gesellschaftspo-

20 Die »Zehn Thesen zum Design« lauten: »Gutes Design ist innovativ. [...] Gutes Design macht ein Produkt brauchbar. [...] Gutes Design ist ästhetisch. [...] Gutes Design macht ein Produkt verständlich. [...] Gutes Design ist unaufdringlich. [...] Gutes Design ist ehrlich. [...] Gutes Design ist langlebig. [...] Gutes Design ist konsequent bis ins letzte Detail. [...] Gutes Design ist umweltfreundlich. [...] Gutes Design ist so wenig Design wie möglich.« (2009 [ca. 1987], S. 584 ff.) Die in den zehn Thesen wiederkehrende Aussage »Gutes Design ist ...« stand Pate für die Formulierung der Schlusssätze der folgenden Kapitel.
Unabhängig von den eher gegen Ende seiner beruflichen Laufbahn aufgestellten Thesen gilt Dieter Rams als einer der wichtigsten deutschen Designer der zweiten Hälfte des 20. Jahrhunderts. Dieser Ruf gründet auf seiner von 1961 bis 1995 währenden Tätigkeit als Chefdesigner der Firma Braun, in der er das minimalistische Erscheinungsbild ihrer Produkte entscheidend mit prägte. Viele der Geräte gelten heute als Designklassiker. Für mich waren sie Ausgangspunkt meiner Beschäftigung mit Design – und hätten mich beinahe zum Studium an die HFBK Hamburg geführt, der Hochschule, an der ich heute unterrichte. Trotz meiner frühen Begeisterung sind mir die Arbeiten von Rams inzwischen fremd geworden – der Grund dafür wird im abschließenden Kapitel noch zu diskutieren sein. Die Fremdheit, mit der mir die Arbeiten von Rams gegenüberstehen, hängt mit ihrer Kälte zusammen, einer Kälte, die möglicherweise Grund für die Renaissance seiner Formensprache ist. Erneute Aufmerksamkeit erhielt das Design von Dieter Rams nämlich vor wenigen Jahren, als Jonathan Ive (*1967), Chefdesigner von Apple, ihn zu seinem Vorbild erklärte und in Designblogs Vergleiche von historischen Entwürfen von Rams und aktuellen Produkten von Apple auftauchten, die große formale Ähnlichkeiten aufzeigten. Die Produkte von Apple entsprechen aber in keiner Weise den »Zehn Thesen zum Design« von Rams. Statt »ehrlich« zu sein, verschleiert die Gestaltung

litische Fragen an, ohne in die Tiefe zu gehen und das Gestaltete in einen politischen Kontext zu stellen.

Der Soziologie Bruno Latour (*1947) widersetzt sich einer das politische Moment von Design ausblendenden oder gar negierenden Haltung. In seinem Essay »Ein vorsichtiger Prometheus?« legt er dar, dass der Begriff Design »notwendig eine *ethische Dimension* beinhaltet, die verbunden ist mit der offensichtlichen Frage nach *gutem versus schlechtem Design*. [...] Es ist, als würden Materialität und Moralität schließlich verschmelzen. Dies ist sehr wichtig, denn sobald man beginnt, nicht nur Städte, Landschaften, Naturparks und Gesellschaft zu designen, sondern auch Gene, Gehirne und Chips, darf man keinem Designer mehr erlauben, sich hinter dem alten Schutzschild der Tatsachen zu verstecken. Kein Designer wird beanspruchen dürfen: ›Ich stelle nur fest, was existiert‹ oder ›Ich ziehe bloß die Konsequenzen aus den Naturgesetzen‹ oder ›Ich errechne bloß die Summe‹. Wenn Design derart ausgeweitet wird, dass es überall relevant ist, ziehen sich Designer ebenfalls den Mantel der Moral an.« (Latour 2010, S. 24)

die Komplexität ihres Entstehungs- und Nutzungszusammenhangs – und wirft so ein neues Licht auf die Braun-Produkte der Nachkriegszeit. Vielleicht war ja gerade die neutrale Ruhe, die Reduktion und Sinnentleerung, die die minimalistischen Geräte von Braun prägt, ihrerseits unbewusstes Instrument einer Verschleierungsstrategie, ein ästhetischer Ausdruck des Mythos der »Stunde null«. Der unpolitische Charakter der »Zehn Thesen zum Design« würde somit doch wieder eine politische Haltung repräsentieren.

Eine politische Designtheorie bietet deshalb Kriterien für ein anderes Bewertungsraster an. Sie setzt als Maßstäbe für gut und schlecht auf ethische und politische, nicht auf ästhetische, funktionalistische oder ökonomische Kategorien. Als gut wird entwerfendes, als schlecht unterwerfendes Design angesehen.

1.6 Gutes Design ist nicht unterwerfend, sondern entwerfend.

ÜBERLEBENSDESIGN

2 Überlebensdesign ist das Design von Überleben.

Der Mensch gestaltet, um zu überleben. Er gestaltet gegen die Lebensbedrohung, gegen die ständige Gefahr des Todes an. Dieser Gefahr ist er ausgesetzt, solange er lebt – als entwerfendes Wesen an sich, beim Entwerfen selbst und bei dem Versuch, andere zu unterwerfen. Die Formen des Überlebens, auf die sich Überlebensdesign bezieht, sind sowohl individuell als auch kollektiv, permanent und situativ bedingt. Auf den ersten Blick ist Überlebensdesign per se entwerfend – schließlich sichert es das Überleben. Aber wie alles Design kann Überlebensdesign sowohl entwerfend als auch unterwerfend sein, je nachdem, in welchem Zusammenhang es eingesetzt und für welche Zwecke es instrumentalisiert wird.

2.1 Gegenstand von Überlebensdesign sind die Lebensgrundlagen.

Überleben ist nicht bedingungslos. Es ist bedingt durch die Verfügbarkeit von Lebensgrundlagen: von Luft, Wasser und Nahrung. Die Gestaltung des Zugriffs auf diese Lebensgrundlagen ist grundlegender Gegenstand von Überlebensdesign. Die Gestaltung dieses Zugriffs ist ein Spiegelbild jeder Gesellschaft, weil jene zeigt, welche Überlebenschancen diese welchen Teilen ihrer Bevölkerung zubilligt.

Luft

Nichts scheint selbstverständlicher gegeben und zugleich ungegenständlicher als Luft. Luft ist um uns, Luft ist immer da, Luft existiert grenzenlos, und daher ist sie ein Symbol für Freiheit. Allerdings wird saubere Luft heute nicht mehr mit Freiheit für alle assoziiert. Sie ist zu einem Privileg geworden.[21] Sowohl saubere als auch verschmutzte Luft werden als Waren gehandelt; saubere Luft kann man kaufen, genau wie das Recht, sie zu verschmutzen. Die Verschmutzung von Luft ist keine unbeabsichtigte, aber in Kauf genommene Folgeerscheinung von Industrieproduktion und Massenkonsum, die mit Maßnahmen zur Luftreinigung behoben werden könnte, sondern ein bewusstes Instrument der Unterwerfung: Folgt man dem Philosophen Peter Sloterdijk (*1947), so gehörte zur Gestaltung der Luft von Anfang an auch deren gezielte Verschmutzung.[22] Der – das Überleben ermöglichenden – Verbesserung von Luft steht die

21 Die Freiheit der Luft endete in der Moderne, spätestens als der Designer, Architekt und Ingenieur Richard Buckminster Fuller (1895-1983) und der Architekt Shoji Sadao (*1927) 1960 den »Dome over Manhattan« entwickelten, eine gläserne Kuppel mit einem Durchmesser von zwei Kilometern, die einen Teil von Manhattan überdecken sollte. Innerhalb des Domes, erklärte Fuller, wäre die Luft sauberer als draußen.

22 In »Luftbeben«, der Einleitung des dritten Bandes von *Sphären. Plurale Sphärologie* führt Sloterdijk aus, dass zu Beginn des 20. Jahrhunderts nicht nur das Air-Conditioning, sondern auch die technische Grundlage für den Gaskrieg entwickelt wurde – beides bezeichnet er als »Konditionierung« von Luft (vgl. Sloterdijk 2004, S. 89 ff.).

bewusste – lebenserschwerende oder gar tödliche – Verschlechterung von Luft gegenüber. Das Design von Luft er- und verunmöglicht Überleben.

Wasser

Wasser ist die Grundlage allen Lebens. Die Versorgung des Menschen mit sauberem Wasser war in allen Hochkulturen eine zentrale Gestaltungsaufgabe – man denke nur an die römischen Aquädukte oder die arabischen Bewässerungsanlagen. Auch in der Gegenwart ist Wassermangel ein Problem, dem mit großem technischem und logistischem (sowie militärischem) Aufwand begegnet wird. Nicht nur die Versorgung mit Trinkwasser ist überlebenswichtig: Wasser bedeutet immer auch die Möglichkeit von Hygiene, oder umgekehrt: Die Abwesenheit von bzw. der Mangel an Wasser führt häufig zu hygienischen und damit zu gesundheitlichen, oft lebensbedrohenden Problemen. Dem Design kommt bei der Gestaltung der notwendigen Ver- und Entsorgungsinfrastrukturen eine zentrale Rolle zu.

Nahrung

Laut dem Welternährungsprogramm der Vereinten Nationen leidet heute jeder achte Mensch auf der Welt Hunger, während in den reichen Ländern ein Nahrungsmittelüberschuss produziert wird. Vor dem Hintergrund einer stetig wachsenden Weltbevölkerung stellen sich Fragen nach dem Design von Ernährung radikal neu – Gen- und Biotechnologie bieten Gestaltungsmöglichkeiten, mit denen sich bislang nur wenige Designer beschäftigen und für deren Bewertung noch kaum Kriterien zur Verfügung stehen. Die Zubereitung und Aufnahme von Mahlzeiten sind Kulturpraktiken, die nicht nur der Versorgung des Körpers mit Energie, sondern auch der Herstellung von (kollektiver) Identität dienen. Deren Gestaltung ist eine Form von Design, die zum Gesellschaftsdesign führt.

2.2 Überlebensdesign antwortet auf Gefährdungen der Lebensgrundlagen.

Überlebensdesign antwortet auf unterschiedliche Formen der Lebensbedrohung und reicht deshalb über eine Auseinandersetzung mit den Lebensgrundlagen hinaus. Es ist strukturell reaktiv: Ist eine lebensgefährdende Situation eingetreten, stellt das Überlebensdesign Instrumente zur Verfügung, um darauf zu reagieren.

Existenzielle Lebensbedrohung

Der Mensch versucht, in einer von ihm als feindlich erlebten Umgebung zu überleben. Er entwickelt Werkzeuge und Techniken, um sich in dieser feindlichen Umwelt neue Lebensräume zu erschließen, im Extremfall sogar in Wüsten, Hochgebirgen und Eislandschaften. Er versucht, durch Design das Unbewohnbare bewohnbar zu machen. Die Kleidung oder das Haus schützen ihn vor einer Umgebung, in der er von sich aus nicht überleben könnte. Indem er sich entwirft, versucht er, existenziellen Gefahren zu entgehen, setzt sich aber als expansives Wesen gleichzeitig neuen Gefahren aus. Leben ist lebensgefährlich. Auf dieser grundlegend-existenziellen Ebene betreibt der Mensch immer Überlebensdesign. Alles Design ist Überlebensdesign.

Situativ-individuelle Lebensbedrohung

Unabhängig von der grundlegend-existenziellen Dimension des Überlebens stellt der Mensch bewusst oder fahrlässig Situationen her, in denen das Überleben von Einzelnen oder Gruppen gefährdet ist. Kriege oder Umweltkatastrophen sind dafür Extrembeispiele. Sie erfordern Instrumente des Überlebens wie Bunker, Schutzanzüge, Gasmasken, aber auch im Alltag gibt es lebensgefährliche Situationen, vor denen uns dann zum Beispiel Airbags oder Schwimmwesten schützen sollen. Diese Designprodukte sind Überlebenswerkzeuge für durch menschliches Handeln erzeugte Not- und Extremsituationen.

Permanent-kollektive Lebensbedrohung

Weitet sich die situativ-individuelle Notsituation in Raum und Zeit aus, wandelt sie sich zu einer permanenten, kollektiven Bedrohung. Neben der grundlegend-existenziellen und der situativ-individuellen Ebene von Überlebensdesign provoziert der expansive Charakter des menschlichen Gestaltungswillens permanent Situationen, die lebensbedrohend sind. Überlebensdesign bezieht sich dann

nicht mehr auf die Ausnahmesituation, sondern auf einen langandauernden Prozess oder einen permanenten Zustand.
Auch um diese zu bewältigen, entwickelt der Mensch Werkzeuge und Techniken, die ihm das Überleben in den selbstgestalteten Situationen ermöglichen. Die von ihnen ausgehenden Gefahren und Gefährdungen betreffen nicht nur das Individuum, sondern das Kollektiv. Alle im Kontext ökologischer Nachhaltigkeit und einer Vermeidung von Klimawandel etc. verorteten Designprojekte, alle Architektur, alle Stadtplanung, die sich mit Ressourceneffizienz, Energieeinsparung usw. auseinandersetzt, sind Formen eines solchen kollektiven Überlebensdesigns, weil sie ein direkter Beitrag zum Überleben der Menschheit sein wollen. Ein solches Überlebensdesign entzieht sich dem Situativen, weil es sich über das eigene Überleben im Hier und Jetzt hinaus auf das zukünftige Überleben der Menschheit bezieht.

2.3 Überlebensdesign richtet sich am Defizitären aus.

Wesenszug von Überlebensdesign ist, dass es sich immer am Defizitären orientiert. Seine Perspektive ist nicht das Leben, sondern das Ende des Lebens: der Tod. Das gegen das Defizitäre gerichtete Überlebensdesign ist von Angst geprägt. Es entspringt der Erfahrung des Scheiterns, weil es eine menschliche Eigenschaft ist, die Möglichkeiten des Machbaren bis an die Grenzen des Zusammenbruchs – oder eben über sie hinaus – auszureizen. Ständig müssen Mängel behoben werden. Dieses Arbeiten am Mangel entspricht der Vorstellung des Menschen als Mängelwesen, wie sie der Philosoph, Soziologe und Anthropologe Arnold Gehlen (1904-1976) vertreten hat. Gehlen sah im Menschen ein »instinktentbundenes« Mängelwesen, das Institutionen benötigt, um sich in der Welt zurechtzufinden. Aus dieser Perspektive wird Gesellschaftsdesign zu einer logischen Folge des Überlebensdesigns, weil Gesellschaft Ordnungen vorgibt, innerhalb derer das »Mängelwesen Mensch« agieren kann.

Eine andere Perspektive auf die Begrenztheit des Menschen findet sich bei dem Philosophen und Schriftsteller Günther Anders (1902-1992), der jedoch eine Verschiebung vornahm. Vor dem Hintergrund der Erfahrungen des Nationalsozialismus und des Zweiten Weltkriegs beschreibt er den Menschen als »antiquiert«. Der Mensch ist der von ihm erschaffenen Welt, den neuen Maschinen, der schnellen Produktion, den rasenden technischen Entwicklungen, den Massenvernichtungswaffen und deren Handhabung nicht gewachsen. Die Entwürfe des Menschen überfordern seine eigenen Fähigkeiten, er kann in der von ihm selbst geschaffenen Welt nicht mehr kompetent agieren. Er beginnt, sich seines Menschseins zu schämen, und fühlt sich »überholt«.

Die Frage nach der Handlungskompetenz des Menschen in der von ihm geschaffenen Welt griff Sloterdijk 2010 auf. Er beschreibt dabei Design als »das

Zeug zur Macht« (Sloterdijk 2010), das der hilflose, überforderte, defizitäre Mensch nutzt, um sich die eigene Ohnmacht nicht eingestehen zu müssen und überleben zu können. Macht bedeutet in diesem Kontext vor allem die Fähigkeit, kollektiv und individuell in der Welt, die kein »bequemer Ort« ist (ebd. S. 10), überleben zu können. Design ist laut Sloterdijk der Versuch einer Gesellschaft, sich das eigene Scheitern nicht einzugestehen. Deshalb könne man »Design als Souveränitäts-Simulation definieren: Design ist, wenn man trotzdem kann.« (Ebd., S. 12)

2.4 Überlebensdesign kann entwerfen und unterwerfen.

Überlebensdesign ist mehrschichtig, es richtet sich gegen unterschiedliche Formen der Lebensbedrohung. Dabei kann es unterschiedliche Ausprägungen annehmen und dabei sowohl entwerfend als auch unterwerfend sein.

2.4.1 Überlebensdesign ist entwerfend, wenn es das individuelle Überleben in lebensgefährdenden Situationen erleichtert bzw. ermöglicht.

Ein Design, das Leben schützt, ist entwerfend, weil es Handlungsmöglichkeiten erweitert. Überlebensdesign bedeutet also auch, nicht die Hoffnung zu verlieren, nicht aufzugeben, sondern dem Tod, den zivilisatorischen und natürlichen Katastrophen, den sozialen Missständen und politischen Krisen etwas entgegenzusetzen – den Willen, die Welt zu einem besseren Ort zu entwerfen.

2.4.2 Situationsbezogenes Überlebensdesign ist latent unterwerfend, weil es Extremsituationen normalisiert.

Überlebensdesign hilft dem Menschen, in Situationen zu überleben, in denen er eigentlich nicht überleben kann. Diese Erweiterung der Überlebensmöglichkeiten erzeugt aber einen Rebound-Effekt, wenn sie dazu führt, dass eine nicht akzeptable Situation erträglich gemacht und so ein eigentlich nicht wünschenswerter Zustand stabilisiert wird. So führt Überlebensdesign im schlimmsten Fall dazu, dass grundlegende soziale und politische Probleme sowie bestehende, Unrecht und Ungerechtigkeit fördernde Strukturen gefestigt werden.[23]

2.4.3 Überlebensdesign ist unterwerfend, wenn es eine Krisensituation als Legitimation für die Einschränkung von Freiheit instrumentalisiert.

Unterwerfend wird Überlebensdesign, wenn eine überlebensbedrohende Situation genutzt wird, um politische Freiheit dauerhaft einzuschränken. Die kanadische Aktivistin und Journalistin Naomi Klein (*1970) zeigte in *Die Schock-Strategie* an

23 Schmerzmittel lindern Schmerzen – führen aber auch dazu, dass man z. B. trotz einer Verletzung weiterarbeitet. Und wenn ein Designer ein Flüchtlingslager entwickelt, bleibt der Flüchtende trotzdem Flüchtling. Das Design des Flüchtlingslagers behebt nicht die Ursache der Flucht, sondern entschärft nur die aktuelle Situation des Geflüchteten. Je wirksamer das Design, desto stabiler die Situation, gegen die es sich eigentlich richtet. Ein Design, das sich als Reparaturbetrieb begreift, wird sich immer mit diesem Dilemma auseinandersetzen müssen.

vielen Beispielen auf (Klein 2007), wie Krisen und Krisenszenarios instrumentalisiert werden, um politische Einschränkungen durchzusetzen, die ohne die Behauptung einer Gefahr nicht durchsetzbar gewesen wären. Denkbar – und Ursprung vieler Verschwörungstheorien – ist auch, dass Krisensituationen zu diesem Zweck vorsätzlich herbeigeführt werden. Aus dem temporären Überlebensdesign wird dann ein permanentes Sicherheitsdesign. Das französische Autorenkollektiv Comité invisible (Unsichtbares Komitee) ist der Ansicht,[24] »dass wir in einer Epoche leben, in der die Apokalypse vom Kapital vollständig vereinnahmt und in seinen Dienst gestellt wurde« (Unsichtbares Komitee 2015, S. 27). Die Behauptung einer Bedrohung und die Prophezeiung von Katastrophen habe dabei eine unterwerfende Funktion, so das Unsichtbare Komitee: Es ginge nie darum, »in Zukunft recht zu haben, sondern auf die Gegenwart einzuwirken: um im Hier und Jetzt Warten, Passivität, Unterwerfung durchzusetzen« (ebd., S. 28).

24 Das Unsichtbare Komitee ist ein anonymes Autorenkollektiv aus Frankreich, das durch die Schrift *Die kommenden Aufstände* bekannt wurde. Das Komitee geht davon aus, dass Veränderungen im Kapitalismus nur durch Gewalt möglich sind. Als Kopf der Gruppe gilt der Philosoph Julien Coupat (*1974). Er wurde von der französischen Justiz beschuldigt, Sabotageakte gegen Hochgeschwindigkeitszüge durchgeführt zu haben, und verbrachte deshalb mehrere Monate in Untersuchungshaft. Hier wurde seitens der französischen Polizei eine Identität von Werk und Leben vorausgesetzt (Coupat lebte zum Zeitpunkt seiner Verhaftung in einer Kommune unweit der Orte, an denen die Sabotagen verübt wurden).

2.5 Angst ist das Herrschaftsinstrument der Gegenwart.

Ein sich am Defizitären ausrichtendes Überlebensdesign produziert Angst. Es stellt den permanenten Ausnahmezustand her.[25] In der heutigen Gesellschaft fungiert die Katastrophe (Finanzkrise, Klimawandel, Islamismus etc.), also die lebensbedrohende Situation, oft als Ausgangspunkt und Motor für gesellschaftlichen Wandel. Katastrophen und Katastrophenszenarien werden analysiert, produziert oder behauptet, um gesellschaftliche Transformation zu legitimieren. Ein Angst-basiertes Überlebensdesign wird so zum Instrument für eine Argumentation, die gesellschaftlichen Wandel nicht in Richtung einer wünschenswerten Zukunft denkt, sondern anhand der – realen oder imaginierten – Bedrohung des Status quo. Nicht Möglichkeiten, sondern Unausweichlichkeiten werden vorgestellt. Überlebensdesign – also der Ausweg aus der Katastrophe – wird dabei zum Instrument für ein Gesellschaftsdesign, das in der Gesellschaft nicht als solches diskutiert, sondern als Notwendigkeit proklamiert wird. Alternativlosigkeit wird behauptet und geglaubt. Die Krise, die Notsituati-

25 Der Philosoph Giorgio Agamben (*1942) setzte sich in seinem mehrbändigen Werk *Homo sacer* mit der Aussonderung von Menschen aus der Gesellschaft auseinander. Durch Ausgrenzung von Menschen – etwa aus »Sicherheitsgründen«, man denke an die ausgegrenzten, gefolterten und rechtlosen Inhaftierten in Guantanamo – soll angeblich Sicherheit hergestellt werden. Der »Ausnahmezustand« dient dabei der Rechtfertigung der praktizierten Unrechtmäßigkeit (vgl. v. a. Agamben 2004).

on, in der gehandelt werden muss, wird zur Rechtfertigung von Maßnahmen genutzt, die eine echte Verbesserung der Lebenssituation verhindern. Angst wird produziert, um mit ihr das Denken und Fühlen der Menschen zu kontrollieren und zu lenken. So können Überlebensdesign und sein Gegenüber, die permanente kollektive Bedrohung, als Herrschaftsinstrumente genutzt werden. Spätestens an diesem Punkt wandelt sich Überlebensdesign in unterwerfendes Sicherheitsdesign, das überkommene Gesellschaftsstrukturen stützt.

2.6 Aufgabe von Design ist es, dem unterwerfenden Überlebensdesign der permanenten Krise ein das Kollektiv entwerfendes Überlebensdesign entgegenzustellen.

Ein auf Angst gestütztes Überlebensdesign ist unterwerfend. Es engt Handlungs- und Denkräume ein, statt Möglichkeitsräume zu eröffnen. Aufgabe von entwerfendem Design ist es, sich den vermeintlichen Zwängen der permanenten Krise entgegenzustellen.

Ein das Kollektiv entwerfendes Überlebensdesign transformiert sich dazu in andere Formen von Design. Es wendet sich Fragen des Gesellschaftsdesigns zu, um neue Formen des Zusammenlebens zu imaginieren. Es entwirft resiliente soziale und räumliche Strukturen, damit Situationen der Gefährdung sich nicht zur Krise oder zum Ausnahmezustand auswachsen können. Es entwirft ökonomische Ordnungen, die sich dem Paradigma des

Wachstums entgegenstellen. Als Design der Transformation entwickelt es Produkte und Kontexte, mit denen diese Ökonomien erprobt und eingeübt werden können. Im Modus der Einübung verwandelt sich das Überlebensdesign in eine Form von Selbstdesign, dessen Gegenstand nicht die Umwelt, sondern die eigenen Verhaltensmuster sind.

2.6.1 Entwerfendes Überlebensdesign imaginiert bessere Zukünfte.

Um die Angst zu überwinden, sind positive Zukunftsentwürfe erforderlich. Ein entwerfendes Überlebensdesign stellt dem Modus der vermeintlichen Notwendigkeit, stellt dem Druck des Faktischen eine ins positiv gewendete »moralische Phantasie« entgegen (Anders 2002 [1956], S. 273), die sich nicht am Defizitären ausrichtet, sondern das Mögliche in den Blick nimmt. So hilft Überlebensdesign dem Menschen und der Menschheit nicht nur beim situativen, sondern auch beim kollektiven Überleben.

2.7 Gutes Design hilft beim Überleben.

SICHERHEITSDESIGN

3 **Sicherheitsdesign ist das Design von Sicherheit.**

Ist das Überleben durch erfolgreiches Überlebensdesign gesichert, will der Mensch die gewonnene Freiheit, die ihn zu einem guten Leben befähigt, erhalten. Auf das Überlebensdesign folgt das Sicherheitsdesign. Der Mensch entwickelt Sicherheitssysteme, die ihn und seinen Wohlstand vor Natureinflüssen und anderen Menschen schützen und so Frei- und Möglichkeitsraum schaffen sollen – und dabei die durch Überlebensdesign gewonnene Freiheit wieder infrage zu stellen drohen. Denn Sicherheitsdesign versucht, Sicherheit proaktiv herzustellen, also nicht nur, eingetretene Gefahr zu bekämpfen, sondern im Vorhinein das Eintreten von Gefahr zu verhindern. Damit schränkt es Handlungsmöglichkeiten ein.

Im Spannungsfeld zwischen der Ermöglichung und der Einschränkung von Freiheit ist Sicherheitsdesign politisch. Viele Sicherheitsmaßnahmen entwickeln eine als »Versicherheitlichung«[26] bezeichnete

26 Der Begriff »Versicherheitlichung« (*securitization*) wurde 1998 von der sogenannten Kopenhagener Schule (Barry Buzan, Ole Waever und Jaap de Wilde) in dem Buch *Security. A New Framework for Analysis* geprägt. Er bezeichnet einen politischen Prozess, bei dem Sicherheitsprobleme behauptet werden, um politische Veränderungen zu legitimieren, bzw. bei dem Themen, die vorher unter ganz anderen Aspekten betrachtet wurden (z. B. Hunger), in ein Sicherheitsproblem umdefiniert werden (»Nahrungsmittelunsicherheit«). »Versicherheitlichung« wird durch »die Massenmedien, vor allem das Fernsehen, aber auch [...] die Sicherheitsmaßnahmen und Überwachungstechnologien selbst« vermittelt (Krasmann et al., 2014, S. 119). So entsteht eine eigene Realität, in der tatsächliche gesellschaftliche Entwicklungen gegenüber subjektivem Sicherheitsempfinden und diffusen Ängsten zweitrangig sind.

Eigendynamik, durch die nicht nur mehr Sicherheit, sondern Unfreiheit und Angst entstehen.

3.1 Gegenstand von Sicherheitsdesign sind Gesellschaft, Mensch und Natur.

Sicherheitsdesign richtet sich auf Gegenstände, Umstände oder Begebenheiten, die der gewünschten Sicherheit entgegenstehen. Durch Sicherheitsdesign ändert sich der Gegenstand, den es zu sichern und zu schützen gilt. Deshalb ist die Wahl der Instrumente für erfolgreiches Sicherheitsdesign zentral. Ihre Verhältnismäßigkeit gibt Aufschluss über die Ängste, Werte und Wünsche der Sichernden.

Natur

Der Mensch führt einen Kampf gegen die Natur. Im Weltverständnis der (westlichen) Neuzeit ist der Mensch nicht Teil der Natur, sondern ihr übergeordnet. Die Natur wird von ihm manchmal verherrlicht, aber auch oft als etwas Feindliches konstruiert, vielleicht weil Naturgewalten, Begegnungen mit wilden Tieren etc. den Menschen immer wieder an seine existenzielle Unterworfenheit erinnern. Die Unvorhersehbarkeit und Unkontrollierbarkeit der Natur stellt für den Menschen eine Quelle der Verunsicherung dar. Deshalb versucht er, die Unvorhersehbarkeit kalkulierbar, sie mithilfe von Zahlen, Durchschnittswerten und Wahrscheinlichkeiten beherrschbar zu machen.
Heute gibt es, zumindest in den reichen Regio-

nen der Welt, ein relativ hohes Maß an Sicherheit vor bedrohlichen Naturereignissen. Der westliche Mensch hat sich durch Technik, Fortschritt und Design aus der Unterworfenheit unter die Natur befreit und dazu die Natur unterworfen. Dieser Versuch, Sicherheit vor der Natur herzustellen, hat wesentlich zu ihrer Verwüstung und Zerstörung beigetragen. Vor einigen Naturereignissen ist der Mensch allerdings, auch wenn er danach strebt, noch immer nicht sicher.

Zweite Natur

Eine Steigerung erfährt die Angst des Menschen vor der Natur in der Angst vor der zweiten Natur: den anthropogenen Katastrophen, die folgerichtig nicht als Naturkatastrophen (denn als zur Natur gehörig erleben wir uns ja nicht), sondern euphemistisch als Umweltkatastrophen (weil sie unsere Umwelt zerstören) bezeichnet werden. Die Grenze zwischen Umwelt- und Naturkatastrophen ist fließend, weil die Resilienz natürlicher Systeme durch anthropogene Eingriffe geschwächt wird. Oder verkürzt ausgedrückt: Schlechtes Design schwächt die natürlichen Schutzmechanismen, manche Naturkatastrophe ist eigentlich eine Umweltkatastrophe.

Mensch

Noch mehr Angst als vor der ersten und vor der zweiten Natur hat der Mensch vor dem Menschen. Der Mensch ist des Menschen Wolf, sagte der

Staatstheoretiker Thomas Hobbes (1588-1679). In seinem Werk *Leviathan oder Stoff, Form und Gewalt eines kirchlichen und bürgerlichen Staates* beschrieb er 1651 die Grundlagen des absolutistischen Staates, in dem die Bürger im Rahmen eines Gesellschaftsvertrages einem allmächtigen Souverän Macht übertragen. Seiner Theorie zufolge ist ein solcher Staat die einzige Alternative zum vorstaatlichen »Naturzustand« und einem »Krieg aller gegen alle« (Hobbes 1970 [1651], S. 151).
Die Instrumente von Sicherheitsdesign richten sich allerdings auch in der dem Naturzustand enthobenen, sich als zivilisiert verstehenden Gesellschaft häufig gegen andere Menschen.

3.2 Sicherheitsdesign ist Ausgangspunkt menschlicher Zivilisation.

Sicherheitsdesign ist eine Vorform von Gesellschaftsdesign. Menschen organisieren sich in Familien, Gruppen und Stämmen. Sie geben sich Ordnungen, bilden Gesellschaften und sichern diese Strukturen. Alles, was sich gegen diese Ordnungen richtet, ist eine potenzielle Bedrohung und wird deshalb zum Gegenstand von Sicherheitsdesign.

3.3 Die Instrumente des Sicherheitsdesigns bestimmen den Freiheitsgrad einer Gesellschaft.

Sicherheitsdesign definiert, was als Gefährdung verstanden wird, und bestimmt so das Selbstverständnis einer Gesellschaft.[27] Die Instrumente von umfassendem Sicherheitsdesign sind nur scheinbar neutral. Sie können sich aber gegen alles richten, was sich potenziell gegen den Einzelnen oder gegen die Gesellschaft wenden kann. So legen die Instrumente fest, welche Freiheitsgrade eine Gesellschaft zulässt. Nicht die Stadt definiert die Mauer, sondern die Mauer definiert die Stadt. Wie frei eine Gesellschaft ist, resultiert aus ihrem Sicherheitsdesign, weil Freiheit durch gestaltete Gegenstände, Räume, Organisationsformen und Beziehungen bedingt wird.

Schutz

Schutz wirkt, wenn eine Gefahr bereits eingetreten ist. Der Schutz schwächt die Wirkungen der Gefahr ab. Er beruht auf Erfahrungswissen.

Überwachung

Überwachung beruht auf Beobachtung. Sie dient dem Erkennen und Einschätzen von Gefahr. Überwacht werden Menschen, Tiere, Naturvorgänge.

27 Ein Beispiel dafür sind proaktive Strategien. Mittels Überwachung, Datenanalyse etc. sollen Sicherheitsrisiken erkannt und verhindert werden, bevor sie real werden können. Solche Sicherheitssysteme identifizieren Gefahr, bevor sie entsteht. Einen Irrtum nachzuweisen ist innerhalb dieser Systeme allerdings ausgeschlossen, da man nicht beweisen kann, dass etwas nicht eingetreten wäre, dessen mögliches Eintreten proaktiv verhindert wurde. Proaktive Strategien sind, wenn sie sich nicht gegen Naturgewalten (wie Dämme und Deiche), sondern gegen Menschen richten, tendenziell totalitär.

Überwachen heißt heute, Informationen sammeln, auswerten und daraus mögliche Verhaltensweisen ableiten bzw. zukünftiges Verhalten interpolieren. Überwachung ist nicht per se unterwerfend, aber schafft in der Realität meist die Voraussetzungen für effektive Kontrolle, die unterwerfend ist. Überwachung – ob personell oder technisch – fördert deshalb Verhaltensweisen, mit denen die Überwachten der Kontrolle zu entgehen hoffen.

Kontrolle

Die Steigerung von Überwachung ist Kontrolle. Kontrolle beruht auf Vorausschau. Sie versucht, Vorgänge zu steuern und sie Regelungen und Vorgaben zu unterwerfen. Heute werden Menschen mithilfe von Design diszipliniert und kontrolliert, so dass von der Norm abweichendes Verhalten nicht – oder nur erschwert – möglich ist. Eine verfeinerte Form der Kontrolle ist die Manipulation. Sie zielt darauf, Wünsche und Bedürfnisse zu erzeugen, die zu sicherheitskonformem Verhalten führen und deshalb als freiwillig erscheinen.

Absonderung

Die Steigerung der Kontrolle ist die Absonderung. Absonderung beruht auf Strafe. Kann der unerwünschte Vorgang nicht durch Steuerung verhindert oder zumindest eingedämmt werden, werden die Verursacher des Vorgangs abgesondert, also temporär oder dauerhaft aus der Gesellschaft ausgeschlossen. Absonderung kann dazu führen, dass eine Gesellschaft Räume außerhalb ihrer eigenen moralischen und gesetzlichen Regeln schafft.

3.4 Sicherheitsdesign durchzieht alle Bereiche von Design.

Sicherheitsdesign prägt weite Bereiche von Architektur und Stadtplanung, findet sich im Produktdesign und verwandelt vor allem Kommunikations- und Informationsdesign in ein Instrument der Überwachung.

Bekleidung

Kleidung bietet Schutz. Sie schützt vor Wind und Regen, Hitze oder Kälte. Aber Kleidung schützt den Menschen nicht nur vor der Natur, sondern auch vor anderen Menschen. Sie schützt den Umhüllten vor den Blicken anderer Menschen. Als Rüstung übernimmt sie eine physische Schutzfunktion. Aber auch auf symbolisch-psychologischer Ebene erzeugt Kleidung Sicherheit, weil sie zur Repräsentation von Status dient und Zugehörigkeit definiert. Deshalb spiegelt die Gestaltung von Kleidung nicht nur die gesellschaftliche Ordnung wider, sondern kann diese auch verändern.

Architektur

Ähnlich wie Kleidung bildet auch Architektur schützende Hüllen für Körper. Für den Architekten und Architekturtheoretiker Gottfried Semper (1803-1879) sind Architektur und Bekleidung deshalb eng miteinander verwandt. Die Wand, so

Semper, ging aus dem Gewand hervor, das Haus ist die Verfestigung der Kleidung und des nomadischen, textilen Zeltes.

Der antike Architekt und Architekturtheoretiker Vitruv (1. Jahrhundert vor Chr.) erklärt die Idee einer vor Wind und Regen schützenden Urhütte zum Ausgangspunkt jeglicher Architektur. Architektur ist Sicherheitsdesign. Architektur schützt aber nicht nur vor der Natur, sondern auch – oder vor allem – vor anderen Menschen. Sie verhindert, dass Einbrecher Hab und Gut stehlen können, und bietet Rückzugsräume. Gleichzeitig repräsentiert das Haus den Status seines Eigentümers in der Gemeinschaft.

Architektur kann aber auch der Überwachung, Kontrolle und Absonderung dienen.[28]

28 Klassisches Beispiel für eine solche Architektur ist das benthamsche Panoptikum. Jeremy Bentham (1748-1832), einer der wichtigsten englischen Sozialreformer des ausgehenden 18. Jahrhunderts, erdachte für Gefängnisse und Fabriken eine neue Gebäudetypologie. Dieser Gebäudetyp heißt Panoptikum, weil in der Mitte ein Zentralturm steht, von dem aus alles gesehen werden kann, ohne dass der Beobachter selbst sichtbar wäre. Der Häftling bzw. Fabrikarbeiter ist also in einem Zustand, im dem er jederzeit vom Wächter beobachtet werden könnte. Aus Angst erfolgt eine Verhaltensanpassung. Diese fiktive Beziehung ermöglicht Unterwerfung, ohne Gewalt auszuüben. Bentham selbst meinte, dass das Panoptikum imstande sei, »die Moral zu reformieren, die Gesundheit zu bewahren, […] – und all das dank einer einfachen architektonischen Idee« (Bentham, zitiert nach Foucault 1994, S. 266). Laut Michel Foucault ist die »einfache Idee« von Bentham das zentrale Ordnungsprinzip der westlichen Gesellschaften. In der modernen Architektur findet sie sich in der transparenten Glasarchitektur wieder. Diese baulichen Maßnahmen werden heute

Stadtplanung

Seit je ist Stadtplanung ein wichtiges Instrument des Sicherheitsdesigns, schon die ersten Stadtgründungen waren eingegrenzte Schutzräume. Eine Mauer riegelt gegenüber den »Anderen«, den potenziellen Feinden, ab. Selbst wenn die Metapher der Mauer sich auf historische Formen von Stadt bezieht, kommt dieses Instrument noch heute in der Strukturierung des urbanen Raumes zum Einsatz. In *gated communities* schließen Menschen mit hohem Einkommen sich selbst ein und gleichzeitig die weniger Wohlhabenden aus. Eine Stadtgesellschaft definiert sich also nicht nur über die Menschen, die in ihr leben, sondern auch über diejenigen, die ausgeschlossen werden. Die Mauer ist dabei ein Instrument einer Strategie der Ausgrenzung, die Sicherheit gewähren soll. Auch die Anlage von Quartieren, Straßen und Plätzen dient der *riot control* und der vorbeugenden Aufstandsbekämpfung.[29] Die heutigen Werkzeuge dafür sind

durch intelligente Haustechnik weit übertroffen, die jedes Gebäude in ein komplexes Panoptikum verwandelt: Der Benutzer wird lückenlos überwacht und »intelligent« kontrolliert.

29 Ein historisches Beispiel dafür ist der Umbau von Paris im 19. Jahrhundert. Der Abriss großer Teile des alten Paris und der Neuaufbau mit den typischen breiten Boulevards durch Baron Georges-Eugène Haussmann (1809-1891) sollte die Metropole militärisch organisieren, da die breiten Straßen den Bau von Barrikaden erschwerten und die Beweglichkeit von Truppen im urbanen Terrain erhöhten. Dass Raumplanung und Architektur noch heute als Waffen genutzt werden, zeigt der Architekt und Architekturtheoretiker Eyal Weizman (Weizman 2009) anhand einer Analyse von mobilen Checkpoints, Siedlungsbauten und *killing zones* in den israelisch besetzten Gebieten.

nicht mehr nur Mauern, sondern auch *smart technologies*, die räumlich strukturierende Maßnahmen mit baulichen Eingriffen und digitaler Kontrolltechnologie kombinieren.[30]

Produktdesign

Viele ganz gewöhnliche Gegenstände sorgen im Alltag für Sicherheit und Schutz, etwa Regenschirme, Straßenlaternen oder Kondome. Auch Sicherheitsnadeln, der Deckel auf dem Coffee-to-go-Becher und die Wegfahrsperre stellen »Sicherheit« her. In einer an Sicherheit orientierten Gesellschaft werden alle Produkte so gestaltet, dass sie möglichst »sicher« sind.

Doch nicht nur solche alltäglichen Gebrauchsgegenstände sind Ergebnis von Designprozessen, sondern auch Waffen und Überwachungstechnik.

30 Derzeit gibt es mehrere Forschungsvorhaben, die sich mit der »sicheren Stadt« der Zukunft auseinandersetzen, z. B. die »Morgenstadt-Initiative« der Fraunhofer-Gesellschaft. In der Selbstbeschreibung des Projektes heißt es: »Die Vision einer sicheren Stadt verwirklicht sich nicht von selbst. Ganz im Gegenteil: Den Architekten, Politikern und Stadtplanern müssen schon frühzeitig bei der Planung Werkzeuge zur Verfügung stehen, die es ihnen erlauben, die Morgenstadt auch sicherheitstechnisch entsprechend zu gestalten. Das Gleiche gilt für Umbau und Renovierung bereits bestehender Städte.« (Bullinger/Röthlein 2012, S. 163) Die sichere Stadt ist auch eine *smarte* Stadt, und sie gewährt nicht nur Sicherheit vor dem Menschen, sondern auch vor der ersten und der zweiten Natur. Und so wird im Windschatten von Maßnahmen gegen Ursachen und Folgen von Erderwärmung und Klimawandel ein neues Kontroll-, Überwachungs- und Sicherheitsparadigma in die Städte implementiert.

Sie sind auch dann unterwerfend, wenn sie für ein entwerfendes Ziel eingesetzt werden sollen (wer auch immer das aus welcher Perspektive definiert). Betrachtet man, welche Waffen innerhalb einer Gesellschaft entwickelt, vertrieben und benutzt werden – bzw. was als Waffe angesehen wird –, ermöglicht dies Aussagen über die innere Verfasstheit dieser Gesellschaft.[31]

Informations- und Kommunikationsdesign

Wie wohl kein anderer Bereich von Design ist Informations- und Kommunikationsdesign heute

31 In der Gegenwart scheinen drei gegenläufige Entwicklungen signifikant, die sich in ihrer Gegensätzlichkeit ergänzen und aufeinander beziehen: 1.) Der Krieg wird urban und richtet sich nicht gegen Soldaten, sondern gegen Zivilpersonen, wie man an der Weiterentwicklung des Kampfpanzers Leopard 2 verdeutlichen kann. In seiner neuesten Version wurde sein Arsenal ausgeweitet, um auch in urbanen Gebieten und zur Aufstandsbekämpfung eingesetzt werden zu können. Er ist nun u. a. ausgerüstet mit einem Räumschild zum Zerstören und Entfernen von Barrikaden oder Protestierenden, einer Außensprechanlage und einer kürzeren Kanone, um sich im urbanen Terrain besser bewegen zu können. 2.) Der Krieg wird ubiquitär, und jeder wird zum – potenziellen – Kämpfer. Vom Körper des Selbstmordattentäters über den Waffen-DIY-Bausatz im Internet bis zur Nagelfeile, die man im Flugzeug nicht im Handgepäck mitführen darf, wird alles zur Waffe. 3.) Der Krieg wird entörtlicht und entmenschlicht. Drohnen und intelligente Kampfroboter führen dazu, dass der Ort, an dem die Gewalt ausgeübt wird (also der Befehl zum Abschuss gegeben wird), und der Ort, an dem Menschen Gewalt ausgesetzt sind (also die Rakete einschlägt), sich in immer größerer Distanz voneinander befinden, obwohl die Entscheidung über den Waffeneinsatz auf Basis von lokaler Information (also den Daten der Drohne oder des Kampfroboters) getroffen wird.

Gegenstand und Instrument von Versicherheitlichung. Die Erarbeitung und Verbreitung von Wissen ist in allen Gesellschaften Ziel von Überwachung und Kontrolle. Die Maßnahmen dafür reichen von jeher von Zensur bis Exekution. Während totalitäre und autoritäre, also geschlossene Gesellschaften (bis in die Gegenwart) versuchen, offene Kommunikation und den freien Austausch von Wissen zu unterbinden, werden Kommunikation und der Austausch von Wissen in der Suggestionsgesellschaft durch Design unterstützt und angeregt, um durch deren Auswertung Informationen über das (zukünftige) Denken und Handeln der Kommunizierenden zu gewinnen. Informations- und Kommunikationsdesign sind heute also ein Instrument proaktiven Sicherheitsdesigns, mit dessen Hilfe zukünftige Ereignisse mit einer bestimmten Wahrscheinlichkeit vorhergesagt werden können. Wenn zum Beispiel das googlefizierte Sicherheitssystem der Gegenwart weiß, was Menschen denken, hoffen, wünschen, träumen oder fürchten, kann es sich darauf einstellen. Deshalb ist Big Data – die übergreifende Auswertung von in unterschiedlichen, voneinander eigentlich unabhängigen Serviceangeboten, Suchmaschinen und Social-Media-Kanälen gesammelten personenbezogenen Daten – die am weitesten fortgeschrittene Sicherheitsmaßnahme der Gegenwart.[32]

32 Google Maps wurde unter dem Namen »Keyhole« mit Mitteln der CIA als Aufklärungstechnologie entwickelt, das heutige Service- und Entertainment-Tool ist also ein Beiprodukt der militärischen

In Kombination mit den Informationen von lokalen Sensoren, die in der zukünftigen Smart City raumbezogene Daten sammeln, bildet Big Data das Grundgerüst für ein Sicherheitsdesign, das auf umfassende Überwachung, Ereignisprognose und daraus resultierende Steuerung zielt.

3.5 Sicherheitsdesign kann entwerfen und unterwerfen.

Wie jede Form von Design ist Sicherheitsdesign in seiner Wirkungsweise paradox. Der durch Sicherheitsdesign geschaffene Schutzraum ermöglicht Selbstentfaltung. In diesem Sinne ist Sicherheitsdesign ermöglichend und damit entwerfend.
Doch die so geschaffene Freiheit ist ein flüchtiges Gut. Die Freiheit, die durch Sicherheitsdesign geschützt werden soll, kann durch Sicherheitsdesign wieder verloren gehen. Denn Sicherheitsdesign etabliert Machtstrukturen und ändert dabei das, für dessen Sicherung es geschaffen wurde. An die Stelle der Freiheit tritt dann eine Sicherheitsgesellschaft, die durch ihr Sicherheitsdesign bestimmt wird. Ein solches Sicherheitsdesign ist unterwerfend.

und sicherheitspolitischen Forschung. Es gehört zu den Allgemeinplätzen der Designgeschichte, dass viele Produktinnovationen ihren Ursprung in der militärischen Nutzung haben: Teflon, Telefon, Internet. So wie die Architekten und Stadtplaner der Moderne eine gefährliche Nähe zu totalitären Regimen hatten, hat das Design der Moderne eine »fruchtbare« Beziehung zum Militär, wie man u. a. bei Buckminster Fuller, aber auch bei dem Designer und Architekten Charles Eames (1907-1978) sehen kann.

Entwerfendes Sicherheitsdesign ermöglicht sichere Freiräume. Unterwerfendes Sicherheitsdesign schränkt Freiräume ein und verschleiert seine Gewalt durch Gestaltung. Beide Formen von Sicherheitsdesign – die entwerfende und die unterwerfende – sind miteinander verknüpft. Die Trennlinie muss innerhalb einer Gesellschaft permanent neu ausgehandelt werden.

3.5.1 Unterwerfendes Sicherheitsdesign produziert Unsicherheit.

Sicherheitsdesign wirkt auf das zu Sichernde zurück. Denn Sicherheitsdesign erschafft Kontroll- und Überwachungsstrukturen, baut Macht auf und kann so zum Herrschaftsinstrument werden. Die permanente Überwachung, die mit der Herstellung von Sicherheit gerechtfertigt wird, produziert nicht die gewünschte Sicherheit, sondern Unsicherheitsgefühle. Eine Sicherheitsspirale entsteht. Es gehört zu den Paradoxien des gegenwärtigen Sicherheitsdesigns, dass wir Angst vor den von uns entwickelten Sicherheitssystemen haben. Im Sicherheitsdesign wird deutlich, dass Design nicht nur unser Leben prägt, sondern dass mit und durch Design Macht und Gewalt ausgeübt werden.

3.5.2 Unterwerfendes Sicherheitsdesign kombiniert Gewalt mit Verführung.

Unterwerfendes Sicherheitsdesign kombiniert Gewaltausübung mit Verführung. Sloterdijk beschreibt diese Machtstrategie in seinen »10 Thesen

zum Problem des Friedens« als etwas Zwangsläufiges: »Die Zustimmung zu den Regelungen des Lebens in einer intern befriedeten Zivilisation wird anfangs zumeist durch Unterwerfung der Verlierer erzwungen; ohne die Umwandlung von Unterwerfung in Verführung bleibt der imperiale Frieden ambivalent.« (Sloterdijk 2014, S. 14) Das bedeutet, dass sich die Unterworfenen schließlich freiwillig der Herrschaft unterwerfen. Sie müssen vom Herrscher nicht länger gezwungen werden, sondern lassen sich verführen. Han führt aus, »dass der Machtunterworfene von sich aus gerade das, was der Machthaber will, ausdrücklich *will*, dass der Machtunterworfene dem Willen des Machthabers wie *seinem eigenen Willen* folgt oder sogar *vorgreift*. Der Machtunterworfene kann ja das, was er *ohnehin* tun würde, zum Inhalt des Willens des Machthabers überhöhen und mit einem emphatischen ›Ja‹ zum Machthaber ausführen.« (Han 2005, S. 10; Hervorhebungen im Original)
Das Mittel zur Verführung ist in den westlichen Gesellschaften der Gegenwart ein zweifelhaftes Glücksversprechen: dass die kapitalistische Konsumgesellschaft einen beglückenden Lebensstil ermöglicht. Allerdings wird immer deutlicher, dass das Glücksversprechen der Konsumgesellschaft in doppelter Weise nicht zu halten ist: Die den versprochenen Lebensstil ermöglichenden Dinge, Räume und Dienstleistungen sind nicht für alle verfügbar, und selbst wer darüber verfügt, wird davon nicht glücklich.

3.6 Aufgabe von Design ist es, unterwerfendes Sicherheitsdesign zu unterlaufen.

Jede Gesellschaft muss ihren Mitgliedern Sicherheit bieten – und benötigt daher Instrumente der Kontrolle und Überwachung, um diese Anforderung zu erfüllen und die eigene Stabilität zu gewährleisten. Entwerfendes Sicherheitsdesign reflektiert den Umgang mit den eigenen Instrumenten. Denn die totale Sicherheit hat die totale Unfreiheit zum Ergebnis. Jeder Gesellschaft stellt sich daher die Frage, wie viel Abweichung, Differenz und Instabilität sie zulassen möchte – auch um den Preis, für die dadurch ermöglichte Freiheit auf Sicherheit zu verzichten.

Wenn eine Gesellschaft zu der Entscheidung gelangt, Unsicherheit aushalten zu wollen, um Freiheit zu »sichern« und selbstbestimmtes Handeln zu ermöglichen, sollten Designer, Architekten, Künstler usw. Instrumente entwickeln, die weiterer Versicherheitlichung entgegenwirken.

Aufklären

Designer, Architekten und Stadtplaner können zur Aufklärung beitragen, indem sie mit den Mitteln von Design gesellschaftliche Missstände aufdecken, also überbordende Sicherheitsstrukturen dekuvrieren und Überwachungsvorgänge offenlegen.[33]

33 So z. B. das Forschungsprojekt »Drone Strike«, in dem anhand von einer architektonischen Analyse – Eyal Weizman (vgl. Forensic Architecture 2014) spricht von »forensic architecture« – nachgewiesen wird, welche Form von Drohnenangriff geflogen wurde.

Umkehren

Eine weitere Möglichkeit, sich Versicherheitlichung entgegenzustellen, besteht in der Umkehrung von Sicherheitstechnologien. Gegenteil der *sur-veillance* (also der Überwachung) ist die *sous-veillance* (also die Unterwachung). Unterwachung ist die Unterwanderung der Überwachung. Der Überwacher wird zum Überwachten, der Überwachte zum Überwacher: Das Prinzip der Überwachung wird ad absurdum geführt.[34]

Unterlaufen

Designer können Projekte und Verhaltensanleitungen entwickeln, die unterwerfende Sicherheitsparadigmen aufbrechen und/oder ironisieren.[35] Symbolisch stellen sie Unsicherheit her, um Versicherheitlichungen zu unterlaufen. Als Waffe dieser subversiven Strategie eignet sich Humor, weil er durch die Wendung ins Ironische und Paradoxe Sicherheitsinfrastrukturen außer Kraft setzen kann,

34 Der Begriff der »Unterwachung« (*sousveillance*) wurde von dem kanadischen Informatiker Steve Mann (*1962) geprägt. Unterwachung beginnt, wenn man die Überwacher überwacht. Dazu entwickelte Mann das Prinzip des tragbaren, in Kleidung oder Schuhe integrierten Computers sowie Geräte, mit denen man unbemerkt Bilder seiner Umgebung aufzeichnen kann.

35 Design als Mittel der Kritik an Versicherheitlichung nutzt z. B. der deutsche Designer und Künstler Matthias Megyeri (*1973) in seinem Projekt »sweet dreams security«. Dafür entwickelte er Sicherheitsobjekte, deren Funktion durch ein verniedlichendes äußeres Erscheinungsbild verschleiert wird – unter anderem Stacheldraht mit Schmetterlingen oder Poller in Tierform (vgl. Antonelli 2005).

obwohl die sogenannten Sicherheitsanforderungen noch erfüllt werden.

3.6.1 Entwerfendes Design nutzt Verunsicherung, um Freiheit zu sichern.

Es gilt, Instrumente zu entwerfen, die helfen, sich der totalen Versicherheitlichung unserer Lebenswelt entgegenzustellen. Instrumente der Verunsicherung als Waffen des Widerstandes, um Freiheit zu sichern.

Entwerfendes Sicherheitsdesign schafft nicht nur Sicherheit, sondern unterläuft sie, um bestehende Freiheitsgrade zu sichern oder neue Handlungsmöglichkeiten zu schaffen.

Entwerfendes Sicherheitsdesign ist also ein Design, das nicht Sicherheit, sondern Unsicherheit schafft und es vor allem ermöglicht, die in einer freien und offenen Gesellschaft unausweichliche Unsicherheit auszuhalten.

3.7 Gutes Design ermöglicht es, Unsicherheit auszuhalten.

GESELLSCHAFTSDESIGN

4 Gesellschaftsdesign ist das Design von Gesellschaft.

Gesellschaft wird von Menschen gestaltet. Gesellschaftsdesign schafft Identität. Gestaltete Objekte, Räume und Umwelten bedingen das Verhalten von Menschen – und damit auch die Gesellschaft, die von diesen Menschen gebildet wird. Wie Dinge und Menschen geordnet werden, über welche Institutionen und Repräsentationsformen eine Gesellschaft verfügt, ist das Ergebnis von Gestaltungsprozessen. Design, das im Dienste gesellschaftlicher Institutionen steht, trägt zur Umsetzung und Aufrechterhaltung gesellschaftlicher Ordnung bei. Es ist eine Manifestation der Macht, die durch die Institutionen ausgeübt wird. Viele Gesellschaften konstituieren sich durch Abgrenzung gegen ein reales oder fiktives Außen. Sie nutzen Sicherheitsdesign als Gesellschaftsdesign, um Zusammenhalt zu schaffen und – in Abgrenzung zum bedrohlichen Gegenüber – sich ihrer eigenen Identität zu versichern. Wenn Design die Fähigkeit hat, Machtstrukturen zu etablieren, kann es aber auch zum entgegengesetzten Zweck genutzt werden, also um Machtstrukturen zu ändern. In beiden Fällen ist Design, verstanden als Gesellschaftsdesign, politisch.

4.1 Gegenstand von Gesellschaftsdesign sind soziale Beziehungen.

Gegenstand von Gesellschaftsdesign sind die sozialen Beziehungen, die Gesellschaft ausmachen

(Malecki 1969, S. 11; Brock 1977, S. 449). Durch Design werden Beziehungen verdinglicht, sie gerinnen zur gesellschaftlichen Ordnung, zur Bedingung für den gelebten Alltag. Design ermöglicht – oder erschwert – menschliches Zusammenleben (Illich 1975). Gesellschaftsdesign ist nicht nur materiell, sondern bezieht sich auch auf Prozesse; es ist »unsichtbar«, wie der Soziologe Lucius Burckhardt (1925-2003) sagt, ein Design, »dass unsichtbare Gesamtsysteme, bestehend aus Objekten und zwischenmenschlichen Beziehungen, bewusst zu berücksichtigen imstande ist.« (Burckhardt 2004 [1980], S. 217) Die Umrisse der Ordnung von Gesellschaften bilden sich durch die Konstruktion ihrer kollektiven Identität, die Organisation des öffentlichen Lebens, die Struktur von Raum und Zeit sowie die Produktion und Verteilung von Gütern. Als Ausdruck und Folge der sozialen Beziehungen sind auch diese »unsichtbaren« Dinge und Beziehungen Gegenstand von Gesellschaftsdesign.

Identität

Gesellschaften nutzen die identitätsstiftende Wirkung von Design, um den gesellschaftlichen Zusammenhalt zu stärken. Erkennbar wird das an repräsentativen Bauten wie Kirchen, Palästen oder Idealstädten. Dasselbe gilt für Objekte (z. B. Reliquien und bestimmte Kleidungsstücke), die für identitätsstiftende Rituale wie religiöse und profane Zeremonien (z. B. Gottesdienste, Militärparaden oder Demonstrationen) genutzt werden.

Durch sie wird bei den einzelnen Gliedern der Gesellschaft ein Bewusstsein dafür erzeugt, dass es ein »Wir« gibt.

Raum

Städtebau und Stadtplanung sind, mehr noch als Architektur, eine Form der räumlichen Ordnung und Organisation von Gesellschaft. Die menschlichen Beziehungen werden – von der Anlage öffentlicher Plätze und Gebäude (Schule, Krankenhaus, Gefängnis) bis zur Wohnform (WG-Kommune, Einfamilienhaus, Singlewohnung, Altersheim) und deren Einrichtung durch Design bedingt. Das in der westlichen Gesellschaft zentrale Begriffspaar öffentlich–privat materialisiert sich durch die Gestaltung und Verfügbarkeit von Räumen und Dingen.

Zeit

Die Strukturierung von Zeit ist wesentliches Merkmal von Gesellschaft. Nicht nur über die Gestaltung von Uhren als Taktgeber im Alltag wird Design zum Gesellschaftsdesign, sondern auch durch die gestalterische Ausformulierung des gesamten die Organisation von Zeit betreffenden Apparats. Und schließlich ist es die Zeit selbst, die Gegenstand von Gestaltung ist, wie Thomas Morus (1478-1535) bereits im Jahr 1516 in seinem Roman *Utopia* schrieb: »Die Organisation dieses Staatswesens hat vor allem diesen einen Zweck vor Augen, alle Zeit, so weit es die Arbeiten für die Bedürfnisse der Gesamtheit erlauben, den Bürgern zur Abstreifung der Knechtschaft des Leibes und zur Befreiung […] des Geistes zu gute kommen zu lassen. Denn darin sehen sie das wahre Glück des Lebens.« (Morus 1992 [1516], S. 111)

Produktion und Distribution

Produktion und Distribution von Waren bestimmen die ökonomische Struktur einer Gesellschaft. Sie sind zeitbasiert und Ergebnis und Gegenstand von Design. In der Gesellschaft der Gegenwart bahnen sich sowohl bei der Produktion als auch bei der Distribution Paradigmenwechsel an. Da sich die Produktion im Spannungsfeld von Vollautomatisierung bis Do-it-yourself-Kultur neu organisiert, muss auch die Distribution von Waren (z. B. innerhalb unabhängiger lokaler Netzwerke) neu gestaltet werden.

Infrastruktur

Wichtige Voraussetzung für Gesellschaft ist Infrastruktur. Die Vernetzung von Räumen, Menschen und Gegenständen bestimmt, wie viel Austausch und welche Form von Beziehungen eine Gesellschaft ermöglicht. Design schafft – von Mobilitätssystemen bis zum digitalen Interface – dafür die Bedingungen. Über all diese Infrastrukturen sagt das Unsichtbare Komitee: »Wer die Planung des Raums bestimmt, wer die Umwelt und Umgebung beherrscht, wer die Dinge managt, die Zugänge verwaltet, regiert die Menschen […] Die tatsächliche Struktur der Macht liegt in der materiellen, technologischen, physischen Organisation dieser Welt. Die Regierung liegt nicht mehr bei der Regierung. »Die Macht«, so das Unsichtbare Komitee weiter, »ist mittlerweile die Ordnung der Dinge selbst.« (Unsichtbares Komitee 2015, S. 65 f.)

4.2 Gesellschaftsdesign nutzt das Ästhetische als Mittel zur Entgrenzung von Erfahrung

Gesellschaftsdesign nutzt das Ästhetische als Mittel zur Entgrenzung von Erfahrung. Denn über die sinnliche Erfahrung – zu der auch religiöse Praktiken zählen – versichert sich die Gesellschaft ihrer Identität. Der Gesellschaftsvertrag ist zwar ihre rationale Grundlage, aber er ist nicht sinnlich erfahrbar. Erst in der sinnlichen Erfahrung, der individuellen Entgrenzung, kann sich eine Gesellschaft ihrer Selbst vergewissern. Dem Ästhetischen wohnt eine eigene Kraft inne, nicht ohne Grund nutzen totalitäre Regime (und auch Religionen) das ästhetische Moment von Gestaltung, um ihre politischen Ziele zu erreichen. Das Ästhetische hat aber auch entwerfendes Potenzial, wenn es die utopische Möglichkeit in der sinnlichen Erfahrung zur – temporär – möglichen Wirklichkeit werden lässt. Durch dieses Vermögen kann Design als Instrument für gesellschaftlichen Wandel genutzt werden.

4.3 Gesellschaftsdesign stellt Werkzeuge für gesellschaftlichen Wandel zur Verfügung.

Gesellschaft als solche kann nicht entworfen werden. Aber ein auf die Gesellschaft bezogenes Design kann Gesellschaft gestalten, indem es Werkzeuge und Instrumente für gesellschaftlichen Wandel zur Verfügung stellt. Diese Instrumente wirken in unterschiedlichen Maßstäben und mit unterschiedlichen Mechanismen.

Idealistische Instrumente

Gesellschaft verändert sich, wenn sie ein anderes Ideal von sich selbst bekommt. Design leistet dazu einen Beitrag, indem es mögliche Alternativen zur bestehenden Gesellschaft beschreibt und sinnlich erfahrbar macht – als Modell, als Bild, als Imagination. Bereits in Thomas Morus' *Utopia* findet sich die Beschreibung von gestalterischen Eingriffen – also Design. Sie sind ein wesentliches Instrument für die Darstellung und Vermittlung der von ihm imaginierten besseren Welt. Um das Leben in Utopia anschaulich zu machen, beschreibt Morus detailliert die dortige Stadtanlage, die Architektur der Gebäude, die Beschaffenheit der Kleidung und die Essrituale. Das durch Design vermittelte Bild eines besseren Anderen wird zur Folie, vor der über ein anderes Ideal des Eigenen nachgedacht werden kann.

Materialistische Instrumente

Bei Morus fungiert Design aber nicht nur als idealistisches Darstellungs- und Vermittlungsinstrument, sondern auch als materielles Werkzeug der Verwirklichung. Durch die materielle Ausformulierung wird die Utopie realisiert. Design kommt damit eine zentrale Bedeutung bei der Umsetzung gesellschaftlicher Utopien zu. Gesellschaft, so die zugrunde liegende These, verändert sich, wenn ihre Bedingtheiten sich ändern. Diese Annahme ist (nicht explizierte) Grundlage des modernen Designs, prägte die vielzähligen Versuche, mit neuen Möbeln, neuen Häusern und neuen Städten auch einen »neuen Menschen« zu schaffen. Es ist die Übertragung der marxschen Annahme, laut der das Sein das Bewusstsein bestimmt, auf Design. Als materialistisches Instrument kann Design einen konkreten Beitrag zur Transformation von Gesellschaft leisten, indem es Räume, Gegenstände, Kontexte zur Verfügung stellt, in denen bis dahin nicht vorstellbare Formen von Beziehungen gelebt werden können.

4.4 Gesellschaftsdesign kann entwerfen und unterwerfen.

Die Organisation von Beziehungen kann sowohl entwerfenden als auch unterwerfenden Charakter haben – oder beides gleichzeitig. Dieses Dilemma reflektierte bereits der Philosoph und Pädagoge Jean-Jacques Rousseau (1712-1778) in seinem Werk *Vom Gesellschaftsvertrag oder Grundsätze des Staatsrechts* aus dem Jahr 1762. Ein Gesellschaftsvertrag, so Rousseaus Vorstellung, soll allen Mitgliedern der Gesellschaft ein freies, glückliches Leben ermöglichen. Aber ein solcher Gesellschaftsvertrag funktioniert nur, wenn sich alle daran halten. Rousseau versuchte, dieses Problem zu lösen, indem er festlegte, dass diejenigen, die sich weigern, nach den Regeln des Gesellschaftsvertrags zu handeln, dazu gezwungen werden müssen. Das Funktionieren des Gesellschaftsvertrags setzt also vernünftige Einsicht und die daraus resultierende freiwillige Unterwerfung der Mitglieder voraus. Erfolgt diese nicht, so Rousseau, muss man sie »zwingen, ihren Willen der Vernunft anzupassen« (Rousseau 2011 [1762], S. 44). Dem Entwurf ist die Möglichkeit der Unterwerfung eingeschrieben.

4.4.1 Unterwerfendes Gesellschaftsdesign legitimiert und festigt Machtstrukturen.

Die Gestaltung der sozialen Ordnung umfasst deren Legitimation und Repräsentation. In diesem Sinne ist Gesellschaftsdesign – ähnlich wie große Teile des Sicherheitsdesigns – ein Instrument der Macht und hat unterwerfenden Charakter.

4.4.1.1 Design repräsentiert Machtstrukturen.

Eine klassische Aufgabe von Design, Architektur, Stadtplanung besteht darin, Macht und Machtansprüche materiell und räumlich zu versinnlichen. Barocke Stadtachsen, klassizistische Paläste und moderne Hochhäuser sind ästhetischer Ausdruck von Macht. Die Moderne wollte das Design aus dieser Machtgebundenheit befreien – wie auch die Kunst als »freie« Kunst von dieser Bedingung sich zu befreien suchte. Doch ähnlich wie die Kunst mit ihrem emanzipatorischen Befreiungsanspruch scheiterte, ist auch Design heute noch häufig Instrument unterwerfenden politischen Handelns.

4.4.1.2 **Design verdinglicht Machtstrukturen.**
In der kapitalistischen Gesellschaft der Gegenwart hat Design eine besondere Bedeutung. Es stellt die Ausrüstungsgegenstände für den glücksversprechenden Lebensstil zur Verfügung, bereitwillig von Designern produziert, die ihre Tätigkeit unbedachterweise als unpolitisch verstehen. So materialisiert Design die Verführung und verdinglicht die bestehenden Machtstrukturen.

4.4.1.3 **In der Gegenwart wird Macht unsichtbar.**
Im totalen Kapitalismus strebt die Macht aber nicht mehr unbedingt nach Sichtbarkeit und Verdinglichung, vielmehr versteckt sie sich häufig. An die Stelle des Designs der Sichtbarkeit ist das Design der Unsichtbarkeit getreten. Nicht mehr die Repräsentation von Macht steht im Vordergrund, sondern deren Verdeckung. Die Macht der Gegenwart ist ein feines Netz, das die Gesellschaft infiltriert, das sich überall findet und trotzdem oft ungesehen bleiben will.

In der Disziplinar- und in der Kontrollgesellschaft ist die Polizei mächtig, weil sie das Gewaltmonopol hat. In der Suggestionsgesellschaft sind Konzerne wie Google und Facebook mächtig, weil sie die Informationen über unser Denken, Fühlen und Handeln haben.

Die Macht, die auf uns einwirkt, ist unsichtbar, wir unterwerfen uns ihr mehr oder weniger freiwillig. Sie tarnt sich als Angebot, als Möglichkeit, als Freiraum. Sie ist die Infrastruktur, die unser heutiges Leben durchdringt. Die gegenwärtige Gesellschaftsordnung suggeriert Freiheit, unterwirft ihre Mitglieder aber einem Ökonomisierungsdruck, der sich bis in die persönliche Identitätskonstruktion zieht.

4.4.2 Entwerfendes Gesellschaftsdesign schafft Möglichkeitsräume.

Während unterwerfendes Gesellschaftsdesign Machstrukturen stärkt, versucht entwerfendes Gesellschaftsdesign, Möglichkeitsräume zu öffnen und somit Freiheit zu schaffen.

4.4.2.1 Entwerfendes Gesellschaftsdesign benötigt reflexive Offenheit.

Jedem Gesellschaftsdesign wohnt die Möglichkeit inne, ins Totalitäre abzugleiten.[36] Dann wird der

36 Die Moderne glaubte, durch Design – vom Gebrauchsgegenstand bis zum Städtebau – nicht nur die Gesellschaft, sondern auch jeden einzelnen Menschen formen zu können. Gestaltung sollte nicht zuletzt einen »neuen Menschen« erschaffen – das Individuum wurde zu einer Variable im Kalkül der Planer. Das wohl umfassendste Gesellschaftsdesign der jüngeren Geschichte suchte das NS-Regime umzusetzen; dieses Design durchzog alle Bereiche von

entwerfende Impetus in eine Rechtfertigung für die Unterwerfung umgemünzt.

Deshalb ist Gegenstand von entwerfendem Gesellschaftsdesign immer auch das Gesellschaftsdesign selbst. Es sucht nach Methoden, die verhindern, dass das Gesellschaftsdesign ins Totalitäre abdriftet. Angesichts dieser Gefahr besteht ein möglicher Ausweg in einer Kultur der kritischen Reflexivität: in partizipativen Formen der Selbsthinterfragung, die die ganze Gesellschaft einbinden und Offenheit für Alternativen, Gegenmodelle, ja sogar für Ablehnung schaffen. Selbsthinterfragung ermöglicht es, dass eine Gesellschaft sich aus sich heraus wandelt und sich an veränderte Bedingungen anpassen kann. Voraussetzung dafür ist Offenheit. Denn an der Offenheit – wenn man Offenheit als Gegenteil von totalitärer Geschlossenheit versteht – einer Gesellschaft bemisst sich der Grad ihrer Reflexivität.

4.5 Entwerfendes Gesellschaftsdesign bedarf einer neuen Ästhetik des Widerstands.

In der heutigen Welt, in der die Utopie durch den Pragmatismus ersetzt wird, bedarf es dazu einer neuen ästhetischen Sprache, einer neuen Ästhetik des Widerstands. Sie speist sich aus Kritik und Empowerment.

Design, vom Modedesign (der Uniform) über Typografie bis hin zur Architektur der Konzentrationslager.

Kritik

Entwerfendes Gesellschaftsdesign übt mit den Mitteln von Design Kritik an bestehenden Machtstrukturen. Dazu benutzt es bestehende Strukturen der Produktion und Distribution, nutzt den Markt und das Marketing als trojanisches Pferd und höhlt das System von innen aus.

Empowerment

Entwerfendes Gesellschaftsdesign gestaltet alternative Räume und hilft so Gemeinschaften, die sich gegen herrschende ökonomische und politische Strukturen auflehnen. Mit gestalterischen Mitteln verschafft es mikropolitischen Prozessen Sichtbarkeit und unterstützt widerständige Kulturen. Indem es die Vereinzelten das Kollektive, Verbindende erleben lässt, trägt es zu Empowerment bei.

4.6 Aufgabe von Design ist es, Gegenmodelle zur bestehenden Gesellschaftsordnung zu entwerfen.

Entwerfendes Gesellschaftsdesign ist ein Aufruf zu neuen Utopien. Zukunftsaufgabe von Design ist es, Gegenmodelle für die bestehende, unterwerfende Gesellschaftsordnung zu entwickeln, gestalterisch auszuformulieren und – zumindest temporär – zu erproben, also sinnlich erfahrbar zu machen.

4.6.1 Entwerfendes Gesellschaftsdesign nutzt die Kraft der Imagination.

Bei der Entwicklung von Utopien nutzt entwerfendes Gesellschaftsdesign die Kraft der Imagination. Es stellt dem Vorhandenen Vorstellungen des Möglichen gegenüber.

4.6.2 Entwerfendes Gesellschaftsdesign wird durch temporäre Realisierung sinnlich erfahrbar.

Entwerfendes Gesellschaftsdesign verharrt jedoch nicht in der Imagination. Es sucht nach realen Testfeldern, temporären Verwirklichungen des Utopischen: vorübergehenden Emanationen, die ein sinnliches Erleben der Möglichkeit ermöglichen. Entwerfendes Gesellschaftsdesign der Gegenwart umgeht die Gefahr des Scheiterns, weil es auf den Anspruch verzichtet, die Imagination vollumfassend zu realisieren. Die Utopie der Gegenwart realisiert sich nur im Vorübergehenden, im zeitlich begrenzten, aber sinnlich erfahrbaren Moment (Bey 1994). Die Utopie wird pragmatisch und der Pragmatismus utopisch. Entwerfendes Design interveniert in die Realität, um für einen Moment im Hier und Jetzt die Möglichkeit Wirklichkeit werden zu lassen.

4.7 Gutes Design entwirft pragmatische Utopien.

SELBSTDESIGN

5 **Selbstdesign ist das Design von Selbst.**

Selbstfindung und -verwirklichung sind sinnstiftende Elemente in einer Gegenwart, in der das Leben als Versuch der eigenen Vervollkommnung angesehen wird. Aber nicht nur das Leben, auch das eigene Selbst – je nach Auffassung die Seele, der Geist, der Körper etc. – wird gestaltet. Programmatisch ist dafür Friedrich Nietzsches (1844-1900) Aphorismus *»Du sollst der werden, der du bist«* (Nietzsche 1999 [1882/1887], Aphorismus 270, S. 519).[37] Heute ist aus dem Gebot ein Befehl geworden. Er heißt: »Du mußt dein Leben ändern« (Sloterdijk 2009). Die Selbstgestaltung und -veränderung ist die Hauptaufgabe des westlichen Menschen der Gegenwart. Selbstdesign zielt auf Selbstbestimmung, aber Selbstdesign kann auch fremdbestimmt erfolgen. Das Bewusstsein der Formen und Wirkweisen von Selbstgestaltung bestimmt das Verhältnis des Selbst zu sich selbst und ist damit Grundlage für das soziale Leben.

Im Selbstdesign wird der Mensch selbst zum Er-

37 Selbstdesign praktizierte Nietzsche sein Leben lang. So schreibt er in *Die fröhliche Wissenschaft*: »Eins ist Not. – Seinem Charakter ›Stil geben‹ – eine große und seltene Kunst! Sie übt Der, welcher Alles übersieht, was seine Natur an Kräften und Schwächen bietet, und es dann einem künstlerischen Plane einfügt, bis ein jedes als Kunst und Vernunft erscheint und auch die Schwäche noch das Auge entzückt. Hier ist eine große Masse zweiter Natur hinzugetragen worden, dort ein Stück erster Natur abgetragen: – beide Mal mit langer Übung und täglicher Arbeit daran. Hier ist das Hässliche, welches sich nicht abtragen ließ, versteckt, dort ist es in's Erhabene umgedeutet.« (Nietzsche 1999 [1882/1887], Aphorismus 290, S. 530)

gebnis von Design und gleichzeitig zu seinem eigenen Designer.

5.1 Gegenstand von Selbstdesign sind Körper und Geist.

Jeder Mensch ist Gegenstand von Selbstgestaltungsprozessen. Diese verlaufen bewusst oder unbewusst, willkürlich oder unwillkürlich, geplant oder zufällig. Subjekt und Objekt der Selbstgestaltung können, müssen aber nicht identisch sein.

Das »Selbst« im Selbstdesign umfasst das gesamte »Ich«: geistig und körperlich. Beispielhaft beschrieb diese Einheit der Philosoph Ludwig Feuerbach (1804-1872): »[D]as Ich ist keineswegs ›durch sich selbst‹ als solches, sondern durch sich als leibliches Wesen, also durch den Leib der ›Welt offen‹. Dem absolvierten Ich gegenüber ist der Leib die objektive Welt. Durch den Leib ist Ich nicht Ich, sondern Objekt. Im-Leib-Sein heißt In-der-Welt-Sein. Soviel Sinne – soviel Poren, soviel Blößen. Der Leib ist nichts als das poröse Ich.« (Feuerbach 1970 [1841], S. 151)

Für das Selbstdesign des Körpers bedeutet es, dass der Körper Teil des Subjekts ist. Der Leib und alle seine Sinne werden als Teil des Ichs anerkannt. Wenn der Mensch seinen Körper und die damit verbundene dingliche Welt (die Einrichtung unserer Wohnungen, die Kleidung, die wir am Körper tragen etc.) gestaltet, so dringt dieses Design auch zu seinem Geist – bzw. nach Feuerbach auch zu unserer Seele – durch. Der Mensch kann nicht seinen Körper und die dingliche Welt gestalten, ohne dabei seinen Geist mitzugestalten. Und umgekehrt: Wenn wir unseren Geist designen, so wird er durch den Leib, »das poröse Ich«, verleiblicht und nach außen getragen.

5.1.1 Mit der Gestaltung des eigenen Körpers erlangt das Selbst Macht über sich selbst.

Seit je ist der Körper Gegenstand der Gestaltung und damit auch der Optimierung des Selbst. Die Gestaltung dient dabei im unterwerfenden Sinne der Disziplinierung des Körpers – das Selbst befreit sich aus den Folgen seiner Geworfenheit in die eigene Körperlichkeit. Es erlangt Macht – Gestaltungsfähigkeit – über sich selbst. Der Körper wird geformt, repariert, erweitert. Seit je wird der Körper durch Übungen, durch fortwährendes Training »fit« für den Kampf gehalten, er soll kräftig und geschmeidig sein, damit er sich in das jeweilige System einpasst und für die Gesellschaft nutzbar gemacht werden kann. Gesellschaftliche Idealvorstellungen schreiben sich in den Körper jedes Subjekts ein. Technologien der Körpermodifikation bieten Möglichkeiten, das Leben zu verbessern, schränken das Leben dadurch aber auch ein. Wenn der Körper Gegenstand von Optimierung wird, wird die Optimierung des Körpers zu einem ständigen Prozess, für den der eigene Körper fortwährend kontrolliert werden muss.

Pflege und Hygiene

Die Gestaltung – und Optimierung – des Selbst beginnt mit der Pflege des Körpers. Die Pflege des Körpers beginnt bei der Ernährung, beinhaltet aber auch Kosmetik und Hygiene. Dass der Mensch seinen Körper pflegt, ist auch das Resultat eines gesellschaftlichen Entwicklungsprozesses und individueller Konditionierungen. Die Pflege des Körpers ist immer auch politisch, weil sie nicht losgelöst betrachtet werden kann von den Anforderungen, die die Gesellschaft an das Individuum stellt. In Pflege und Hygiene greift das Gesellschaftsdesign auf das Selbst über.

Reparatur

Die Reparatur setzt ein ästhetisches oder funktionales Idealbild des Körpers voraus. Selbstdesign als Reparatur setzt da an, wo eine vermeintliche Fehlkonstruktion oder Verschleiß zu beheben sind, als exemplarisch können heute Prothetik und Schönheitschirurgie gelten. Beide sind Folgen des Ersten Weltkriegs. Der Staat musste mit dem Problem der Kriegsversehrten umgehen, die Körper der Massen von verstümmelten Soldaten so reparieren, dass sie wieder in den gesellschaftlichen Produktionskreislauf integriert werden konnten. Noch heute werden viele Forschungsprojekte im Bereich der Prothetik seitens des Militärs finanziert.

Eine Mischung aus Reparatur und Reproduktionsmedizin ist die Duplikation des Körpers, also die Möglichkeit, den eigenen Körper oder Teile des eigenen Körpers zu duplizieren. Wichtiges Werkzeug dazu ist neben dem technisch noch nicht ausgereizten *cloning* die Transplantationsmedizin, also das Übertragen von Körperteilen von einem Menschen auf den anderen. Was heute bei Organen wie Leber und Herz üblich ist und bei Gliedmaßen wie Händen und Füßen zumindest erprobt wird, wird in nicht allzu ferner Zukunft dazu führen, dass das Leben mit geklonten Ersatzteilen verlängert wird. Eine weitere Form der Reparatur ist die vorbeugende Reduktion. Reduktionen dienen der Vorbeugung von Reparaturbedarf, wie zum Beispiel die Entfernung von Eierstöcken oder Brüsten, um etwaigen Krebserkrankungen vorzubeugen. Wer einen Körper repariert, richtet sich an einem gesellschaftlich definierten »Normalzustand«, an einer Idealvorstellung aus. Diese Vorstellung wird zwar mit biologistischen Argumenten begründet, ist aber auch eine kulturelle Setzung.

Erweiterungen und Modifikationen

Erweiterungen und Modifikationen unterscheiden sich von der Reparatur. Sie orientieren sich nicht am Idealbild des Bestehenden, sondern nehmen das Mögliche in den Blick. Sie erfinden neue Funktionen, machen sich frei von dem gesellschaftlich normierten Bild, das der Reparatur zugrunde liegt.[38] In

38 Während Doping als Form der künstlichen Leistungssteigerung, der Erweiterung der körperlichen Fähigkeiten, noch materiell-physisch funktioniert, sind digitale Erweiterungen wie VR-Brillen – die eine ihrer Wurzeln ja in der Brille, also auch einer

der Körpermodifikation erfindet der Mensch sich selbst. Hybriden aus Mensch und Technik oder Mensch und Tier werden, zumindest symbolisch, erprobt und geben Ausblick auf einen zukünftigen Posthumanismus. Sie entwerfen den Menschen aus seiner Geworfenheit. Allerdings spiegelt sich auch in der Möglichkeit der Körpererweiterung und -modifikation das Spannungsfeld von Ent- und Unterwerfen. Ein Beispiel dafür ist die Geschlechtsumwandlung. So wurden in der Vergangenheit – und auch heute noch oft – Kinder, die sowohl mit weiblichen als auch mit männlichen Geschlechtsmerkmalen geboren werden, in sehr jungem Alter einer sogenannten geschlechtsangleichenden Maßnahme unterzogen, also mit Mitteln der plastischen Chirurgie einem eindeutigen Geschlecht zugeordnet. Diese heute umstrittene Praxis zeigt, dass auch Körpermodifikationen unterwerfenden Charakter haben können, wenn sie nicht der Selbstverwirklichung dienen, sondern gesellschaftlichen Normen unterworfen werden.

Reparaturmaßnahme haben – immateriell. Die Erweiterung ist nicht die Brille als solche, sondern die eingespielte Information, die Verdichtung der Komplexität dessen, was das Gehirn zu verarbeiten hat. Den Möglichkeiten der Erweiterungen stehen auch hier Möglichkeiten der Einengung gegenüber. Zwar sollen mithilfe von *wearables* (Datenbrillen, Computeruhren etc.) die empfundenen Unzulänglichkeiten des Körpers überwunden werden, gleichzeitig können die zugrunde liegenden Daten überwacht, gespeichert und manipuliert werden.

5.1.1.1 In der Realisierung von Gestaltungsfähigkeit unterwirft sich das Selbst den technischen Möglichkeiten.

So werfen sowohl die technisch vorstellbaren als auch die bereits möglichen Formen der Modifikation die Frage nach ihren Grenzen auf. Durch Erweiterung und Modifikation erlangt der Mensch neue Fähigkeiten. Er befreit sich von den Begrenztheiten seines Körpers – er entwirft sich von seiner Geworfenheit. Er tut dies mit von ihm selbst geschaffenen Dingen (Implantaten, Prothesen, Operationsinstrumenten) und unterwirft sich damit wiederum den technischen Möglichkeiten und den ökonomischen Systemen, die die technische Umsetzung entwickeln und ermöglichen. Der Entwurf bringt eine erneute Unterwerfung mit sich.

5.1.2 Mit der Gestaltung des Geistes erlangt das Selbst Kontrolle über sich selbst. Es entwirft den Geist aus seiner körperlichen Bedingtheit.

Auch der immaterielle »Geist« ist Gegenstand von Selbstdesign. Voraussetzung für bewusstes Selbstdesign ist die Vorstellung von einem Selbst. Die prometheische Moderne legte deshalb in der Psychoanalyse – und allen darauf folgenden Anthropotechniken der Selbsterkenntnis – die Grundlage für das entwerfende Selbstdesign. An die Stelle der höheren Vernunft, der göttlichen Vorsehung tritt die eigene Vorstellung. »Werde, der Du bist« lautet das Credo der selbstbezogenen Bürgerlichkeit. In jedem ist ein Ideal seiner Selbst angelegt, das es zu verwirklichen, zu »bilden«, gilt: Die Ausformung des »Selbst« als Form der »bildenden« Kunst. Doch mit der Vervollkommnung des eigenen Selbstideals und der Selbstverwirklichung ist das Selbstdesign noch lange nicht vollendet. Denn das Selbst der Gegenwart befreit sich von seinen körperlichen Bedingtheiten. Neben dem Körper ist auch die psychomentale Disposition, die emotionale und kognitive Leistungsfähigkeit zum Gegenstand der Optimierung geworden.

Disziplinierung

Dazu wird nicht nur der Körper diszipliniert, sondern auch der Geist. Die Geschichte der Pädagogik zeigt, dass es vor allem der Geist des Menschen ist, der als Mikrobaustein von Gesellschaft zum Gegenstand von Gestaltungsprozessen wird. Doch bei diesen Formen von Selbstgestaltung gestaltet nicht das Selbst selbst das Selbst, sondern ein Außen übt die Disziplinierung aus.

Den fremdbestimmten Formen von Disziplinierung stehen selbstbestimmte Formen von Disziplinierung gegenüber, wobei die Vorstellung, dass Disziplinierung selbstbestimmt sein könnte, möglicherweise selbst Ergebnis eines fremdbestimmten, unterwerfenden Disziplinierungsprozesses ist. Im psychomentalen Selbstdesign sind die Grenzen zwischen Selbst- und Fremdbestimmung, zwischen Ent- und Unterwerfung fließend, weil das zentrale Steuerungsinstrument, das Innerste, das unseren individuellen Charakter ausmacht, zum Gegenstand der Gestaltung geworden ist.

Training

Die Basis des geistigen Selbstdesigns ist das Wahrnehmungs- und Verhaltenstraining. Seit je suchen Anhänger von Religionen und spirituellen Bewegungen nach Möglichkeiten, durch Übungen ihre »geistigen« Fähigkeiten zu erweitern und so Zugang zu »höheren Weisheiten« zu erlangen. Eine Vielzahl seriöser Forschungsprojekte setzt sich deshalb mit Meditation und damit auch mit der Frage auseinander, ob die psychomentale Grundstruktur der Persönlichkeit durch Training modifiziert werden kann. So lassen sich in den durch jahrelange Meditationsübungen trainierten Gehirnen von buddhistischen Mönchen nicht nur Verschiebungen in der Gehirnaktivität während der Meditation feststellen, sondern auch Veränderungen in der Gehirnstruktur selbst. Empathie, Mitgefühl, Hilfsbereitschaft, so die aus derartigen Beobachtungen abzuleitende Annahme, lassen sich trainieren und gehirnphysiologisch manifestieren. Nicht nur die Leistungsfähigkeit, sondern auch die charakterliche Qualität des Geistes ist transformierbar. Der eigenen Gestaltungshoheit über das »Selbst« sind damit keine Grenzen mehr gesetzt. Training des Selbst kann Teil einer selbstinitiierten Befreiung vom Druck des gesellschaftlichen Systems sein – oder Instrument der Anpassung an die Anforderungen des gesellschaftlichen Systems.

Drogen und Mind-Enhancement

Die rauschbedingte Sinneserweiterung und darauf basierende Formen der Erkenntnis gehören zur Praxis aller bekannten Kulturen.

In der zeitgenössischen westlichen Welt ist der Umgang mit Rauschmitteln und psychoaktiven Wirkstoffen ambivalent. Manche gelten als Genussmittel, andere sind als gesundheitsschädlich verboten. Ihre Nutzung dient häufig nicht mehr dem Rausch, sondern der Steigerung der eigenen Wahrnehmungs- und Leistungsfähigkeit. Weil Abweichungen von einem leistungsgerechten Verhalten als zu behandelnde Krankheit verstanden werden, sind viele leistungssteigernde Rauschmittel als Medikamente getarnt. Dabei kehrt sich das Verhältnis von Medikament und Krankheit um. So werden zur physischen Leistungssteigerung (z. B. beim Doping) Medikamente eingesetzt, die eigentlich zur Behandlung von Krankheiten entwickelt wurden. Im Bereich der psychomentalen Leistungssteigerung ist in den letzten Jahren ein anderer Trend zu beobachten. Erst wird der Wirkstoff, der psychosoziales Verhalten beeinflusst, entdeckt bzw. entwickelt (z. B. Ritalin), dann werden die dazu passenden Krankheiten (ADHS) definiert und Therapieformen ausgearbeitet. Alles, was von der leistungsoptimierten Norm, vom normalen, sozial angepassten und unauffälligen Verhalten abweicht, wird dabei als behandlungsbedürftig definiert. An die Stelle der Sinneserweiterung tritt die Leistungsoptimierung.

Sinnstiftung

Noch nicht beantwortet ist damit aber die wohl quälendste Frage des totalen Kapitalismus: Was gibt dem Leben einen Sinn? Warum soll ich überhaupt leben? Ein wesentlicher Bestandteil von psychomentalem Selbstdesign ist daher das Erschließen von Selbsterfahrung und Sinnstiftung. Es gehört zur Ironie der Gegenwart, das für sinnstiftende Selbstfindung und -erfahrung ein Markt entstanden ist, der mit genau den Mechanismen der Entfremdung und Verdinglichung operiert, die durch Selbstfindung und -erfahrung überwunden werden sollen.

5.2 Selbstdesign kann entwerfen und unterwerfen.

Eigentlich ist Selbstdesign entwerfend. Es versucht, den Menschen aus seiner Bedingtheit zu befreien. Doch alle Versuche, die als Mangel empfundenen Begrenztheiten des Körpers durch dessen Reparatur, Erweiterung oder Selbstauflösung zu überwinden, laufen Gefahr, von entwerfendem in unterwerfendes Selbstdesign zu kippen. Eine Beinprothese oder eine Geschlechtsumwandlung haben emanzipatorisches Potenzial, können aber auch der Anpassung an die Vorgaben der sozialen und ökonomischen Systeme dienen.

Selbstdesign, das Selbstoptimierung ist, gehorcht der Wachstumslogik des Kapitalismus. Auch das Ich soll in seinen Möglichkeiten wachsen, seine Potenziale ausschöpfen und Profit – welcher Art auch immer – generieren. So droht ein Selbstdesign, in dem und durch das der Mensch sich selbst zum Produkt macht, sich in Produktentwicklungszyklen neu interpretiert, der Marktlage anpasst und versucht, sich durch Design auf den verschiedenen Absatzmärkten optimal zu positionieren. Er wird zu einem Gefangenen der Entwurfsbedingungen, der die Disziplinierung so sehr internalisiert hat, dass er die angelegten Verhaltensmuster und durch Werbung und Marketing erzeugten Wunschstrukturen als intrinsische Motivationen missinterpretiert. Das entwerfende Moment des Selbstdesigns kippt dann ins Unterwerfende.

5.3 Selbstdesign ist im Kapitalismus zur Pflicht geworden.

Selbstdesign ist zu einer Praxis geworden, die jeden betrifft. Man kann sich ihr nicht entziehen. Der Philosoph Boris Groys (*1947) spricht deshalb von der »Pflicht zum Selbstdesign«. Mit ihr einher geht eine Totalisierung von Design, der wir uns freiwillig unterwerfen. Auf einer vordergründigen Ebene spiegelt sich die Pflicht zum Selbstdesign in der Überhöhung von Konsum zu Sinnstiftung, in einer Welt, in der Werbung zum zentralen Sinnvermittler wird. »Das Aussehen der Kleider, in denen der Mensch erscheint, der Alltagsdinge, mit denen er sich umgibt, der Räume, die er bewohnt, wurde mit einem Mal zur einzig möglichen Manifestation der Seele.« (Groys 2008, S. 9)
Die Funktion von Selbstdesign im Kapitalismus auf Konsumsteigerung zu reduzieren, wäre jedoch

zu kurz gegriffen. Der Mechanismus der Unterwerfung reicht tiefer. Die zentralen Paradigmen des Selbstdesigns der Gegenwart – Selbstfindung und -verwirklichung – übernehmen zwei wesentliche Aufgaben: Sie fördern die wirtschaftliche Leistungsfähigkeit des Einzelnen und erleichtern dessen Überwachung und Steuerung. Nur wer unverwechselbar ist, kann vollständig überwacht werden.

5.3.1 Selbstdesign ist Spiegel von Gesellschaft.

Selbstdesign ist nicht unabhängig von der Gesellschaft, sondern spiegelt deren Bedingungen. In *Sexualität und Wahrheit* (vgl. Foucault 1989b, 1987 und 1989a) zeigt Foucault, wie die Strategien und Ziele des Selbstdesigns – er nennt sie »Technologien des Selbst« – sich auf Gesellschaft beziehen. Dabei werden zwei unterschiedliche Pole deutlich. Den Ausgangspunkt seiner Untersuchungen bildet die antike *epimeleia eautou*, die Selbstsorge. Diese Sorge um sich – also ein Vorläufer dessen, was wir heute Selbstdesign nennen – war, so Foucault, gleichbedeutend mit der Pflege des Selbst als politisches Wesen. Selbstdesign war Teil von Gesellschaftsdesign. Im Lauf der Zeit wandelte sich der Charakter der Selbstsorge, sie nahm personenbezogene Züge an und löste sich so von ihrer funktionellen Bindung an die Gesellschaft. Selbstsorge begann sich, zum Beispiel als Askese, im Rückzug von der Gesellschaft zu vollziehen. Damit änderte sich auch das Verhältnis des Selbst zu den anderen:

die Gesellschaft wurde zu einem Problem für das Selbstdesign, weil das sich designende Selbst sich dem verwertenden Zugriff der Gesellschaft entziehen wollte. In beiden Fällen ist Selbstdesign Spiegel der Gesellschaft, innerhalb deren Bedingungen sich das Selbst zu gestalten versucht.

5.3.2 Selbstdesign dient in der Gegenwart der Steigerung der wirtschaftlichen Leistungsfähigkeit.

Eine offene Gesellschaft zeichnet sich dadurch aus, dass sie Differenz zulässt und belohnt. Individualität im Sinne von Einzigartigkeit ist erwünscht. Doch diese Förderung von Einzigartigkeit dient nicht nur der persönlichen Freiheit, sondern auch der Steigerung der wirtschaftlichen Leistungsfähigkeit. Denn die Ausformung der unverwechselbaren Identität, der einzigartigen Persönlichkeit, erfordert Arbeit, Investition und ständige Verbesserung. Sie kurbelt den Konsum an und trägt so zu Wachstum und Profitsteigerung bei. In der Gesellschaft der Gegenwart ist Selbstdesign also nicht nur ästhetischer Selbstzweck, sondern steht im Dienst der ökonomischen Optimierung. Selbstdesign sorgt für die vorteilhafte Selbstpositionierung auf dem Arbeits- und dem Paarungsmarkt.

Noch auf einer weiteren Ebene hat die Pflicht zum Selbstdesign einen unterwerfenden oder zumindest anti-emanzipatorischen Charakter. Wer dauernd damit befasst ist, seine Abgrenzung von anderen zu thematisieren, seine Einzigartigkeit hervorzuheben und weiter voranzutreiben, negiert automatisch Gemeinsamkeit – die Fähigkeit und Bereitschaft zur Bildung von Koalitionen für soziale Kämpfe werden so verringert. Die individuelle Idealvorstellung vom Selbst ersetzt die Arbeit an der kollektiven Utopie.

5.3.3 Identität und Individualität dienen Kontrolle und Überwachung.

Die Ausformung von Identität und Individualität bringt einen weiteren unterwerfenden Aspekt mit sich. Je klarer das individuelle Profil, je unterscheidbarer der Einzelne ist, desto besser ist er einzuordnen, desto leichter ist sein Verhalten zu antizipieren.

Je unverwechselbarer jemand ist, desto einfacher ist seine Überwachung und Kontrolle. Denn die Kehrseite der Unverwechselbarkeit ist die eindeutige Erkennbarkeit. In der anonymen Masse abzutauchen funktioniert nicht, wenn alle einzigartig und unverwechselbar sind. Und nur für das erkannte Individuum lassen sich Freiheit suggerierende Serviceangebote entwickeln. So sind Identität und Individualität Voraussetzungen der Kontrollstrukturen der Suggestionsgesellschaft. Der Zwang zum Selbstdesign spiegelt nicht nur den Wunsch nach Selbsterfahrung und -darstellung, sondern auch die Manipulationsmechanismen der Suggestionsgesellschaft.

5.4 Endpunkt des Selbstdesigns ist die Selbstauflösung.

Im Selbstdesign entwirft sich der Mensch von der Begrenztheit seines Menschseins. Damit unterwirft er sich den Bedingungen seiner eigenen Optimierung, die letztlich das Menschliche vom Menschen ablöst. Es findet eine neue Form im Post- und Transhumanismus.

Künstliche Intelligenz und Robotik

Der Post- und der Transhumanismus ersetzen den Menschen durch denkende Maschinen; künstliche Intelligenz ersetzt den Geist und die Seele, der Roboter tritt an die Stelle des Körpers. Während das Militär an denkenden Kampfmaschinen arbeitet, versuchen Großforschungsprojekte in den USA und in Europa, das Gehirn zu kartieren, um es – in noch unbestimmter Zukunft – nachzubauen. Intelligente Maschinen können schließlich schneller, genauer, besser agieren als ein vom menschlichen Gehirn gesteuerter Körper. Der mit künstlicher Intelligenz ausgestattete, nun humanoide Roboter ersetzt den Menschen.

Hybridisierung von Mensch und Maschine

Totales Selbstdesign führt zu einer Hybridisierung von Mensch und Maschine bzw. von Maschine und Mensch. Bereits heute tragen viele Menschen in der westlichen Welt Prothesen, Implantate oder andere technische Hilfsmittel, die ihre körperlichen Funktionen wiederherstellen oder verbessern. In

Ansätzen sind wir also schon transhumane oder posthumane Wesen, konstituieren uns als Hybriden aus Mensch und Maschine. Die technische Realisierung von Cyborgs, Hybriden, bei denen die Grenze zwischen Mensch und Maschine, zwischen natürlich und künstlich, nicht mehr erkennbar ist, ist angesichts der bio- und medizintechnischen Möglichkeiten greifbar nahe.

Freitod und Euthanasie

Eine andere Form der Selbstauflösung, die man als Höhe- und zeitlichen Endpunkt des Selbstdesigns verstehen könnte, ist das selbstbestimmte Sterben. Dass wir sterben müssen, ist das eine, dass wir den Zeitpunkt eines natürlichen Todes nicht selbst bestimmen können, das andere. Deshalb entspringt die Forderung nach einem Recht auf Selbsttötung dem Wunsch nach finalem Selbstdesign. Als Akt der Emanzipation hat die Selbsttötung zwar entwerfenden Charakter, allerdings droht auch hier – wie bei vielen Formen des Selbstdesigns – das Umkippen in die Unterwerfung. Durch den medizinischen Fortschritt wird zwar längeres Leben möglich, aber es entstehen auch Kosten (für Reparatur und Pflege) und damit ökonomischer Druck. Die Entscheidung für den Freitod ist dann möglicherweise nicht mehr nur entwerfend, sondern auch das Ergebnis ökonomischer Zwänge. Der Grat zwischen selbstbestimmtem Freitod und fremdbestimmter Euthanasie ist schmal.

Aufhebung der Sterblichkeit

Das Gegenstück zum Freitod als Höhepunkt des Selbstdesigns ist die Suche nach der Unsterblichkeit im Diesseits. Das Sich-nach-vorne-Entwerfen, der projekthafte Charakter der Moderne, wird auf fundamentale Weise begrenzt durch die Endlichkeit des menschlichen Lebens.[39] Sowohl die Bio- als auch die Informationstechnologie scheinen derzeit die Vorstellung vom ewigen Leben zu entkörperlichen und ins Virtuelle zu verschieben. Eine vorstellbare Variante des ewigen Lebens besteht insofern in der Option, das eigene

39 Die Endlichkeit des menschlichen Lebens ist in der Moderne nicht nur ein Thema der Medizin, sondern auch des Designs. So beschäftigten sich die Biokosmisten, eine Gruppierung innerhalb der russischen Avantgarde, in den zwanziger Jahren des 20. Jahrhunderts mit der Frage, wie eine gerechte Transformation der gesellschaftlichen Ordnung auf der Erde realisiert werden könne. Sie fragten sich dabei, wie man in einer besseren Welt glücklich sein könne, wenn diejenigen, die sie ermöglicht haben, sich dafür opfern mussten. Zur Lösung dieses Problems griffen die Biokosmisten auf ein klassisches Lösungsmodell zurück, nämlich die Forderung nach der diesseitigen Unsterblichkeit. Nur im ewigen irdischen Leben, so die Lösung, sei Gerechtigkeit möglich. Ihre Schlussfolgerung, dass mit ewig lebenden Menschen der Lebensraum Erde irgendwann überfüllt werden würde, war einer der Startimpulse für das sowjetische Weltraumforschungsprogramm – es sollte neue Siedlungsräume für die durch Unsterblichkeit rapide anwachsende Weltbevölkerung erschließen (vgl. Groys/Hagemeister 2005). Der Traum vom technisch ermöglichten ewigen Leben ist aber kein Kennzeichen des Sozialismus, auch der Kapitalismus träumte und träumt von der technologisch ermöglichten Wiederauferstehung. Kommerzielle Akteure bieten seit den fünfziger Jahren das Tieffrieren von Leichen an, die dann in Kühlräumen auf die zukünftig mögliche Auferstehung warten.

Bewusstsein, den Geist, die Seele digital zu speichern.

Aber der ewig lebende, seiner Sterblichkeit enthobene Mensch ist kein Mensch mehr. Als Unsterblicher ist er nicht länger den Bedingungen des Menschseins unterworfen – und muss sich also auch nicht mehr entwerfen. Zumindest für Vilém Flusser steht eine mögliche Unsterblichkeit dem verantwortungsvollen Entwerfen entgegen. Denn das Wissen um die eigene Vergänglichkeit, also das Wissen darum, dass man selbst sterben wird, bringe den Menschen dazu, so Flusser, etwas »hinterlassen« zu wollen. Im Wissen um die Vergänglichkeit beginnt der Mensch zu entwerfen: »Mag sein, daß [...] [das] Bewußtwerden der Vergänglichkeit alles Gestaltens [...] dazu beitragen wird, in Zukunft etwas verantwortungsvoller zu gestalten, um einer Kultur Platz zu bieten, in welcher die Gebrauchsgegenstände immer weniger Hindernisse und immer mehr zwischenmenschliche Beziehungen sein werden. Eine Kultur mit etwas mehr Freiheit.« (Flusser 1993, S. 43)

Wie die das menschliche Gehirn ersetzende künstliche Intelligenz und der zukünftige Cyborg, der Hybride aus Mensch und Maschine, der mittels *cloning* und *tissue engineering* aus seinen biologischen Rudimenten seine eigenen Ersatzteile generiert, ist der unsterbliche Mensch eine totale Form des Selbstdesigns, die schließlich in die Selbstauflösung mündet.

5.5 Totales Selbstdesign, das den Menschen vom Menschlichen enthebt, ist das Ende des Entwerfens.

Totales Selbstdesign entmenschlicht den Menschen. Wenn das Wesen des Menschen das Entwerfen des Menschen aus der menschlichen Unterworfenheit ist, endet das entwerfende Design mit dem Posthumanismus. Wo kein Mensch mehr ist, kann kein Entwurf sein.

5.6 Selbstauflösung ist entwerfend, wenn sie Auswege aus der Pflicht zum Selbstdesign weist.

Selbstauflösung muss nicht zwangsläufig das Ende des Menschlichen bedeuten, sondern kann auch als ein Akt der Befreiung genutzt werden. Eine solche Form der Selbstauflösung entwirft das Selbstdesign vom Diktat der Selbstoptimierung, verwirft das Streben nach individueller Identität und eröffnet so die Möglichkeit, durch Hybridisierung von Identität der Fremdbestimmung zu entkommen.

Verweigerung

Eine Strategie, sich der Fremdbestimmung zu entziehen, ist die Verweigerung des Selbstdesigns. Statt sich zu optimieren, statt sich weiterzuentwickeln, bleibt man dort stehen, wo man ist, entzieht sich der Wachstums- und Optimierungsspirale der Selbstverwirklichung.[40]

40 Diese Strategie hat der US-amerikanische Schriftsteller Herman Melville (1819-1891) bereits im 19. Jahrhundert in seiner berühmten Figur Bartleby vorgedacht (Melville 2012 [1853]).

Multiple, fiktionale und flexible Identitäten

Eine Form der Selbstauflösung ist die Schaffung multipler, flexibler und fiktionaler Identitäten. Aufhören, ein Individuum zu sein, indem man auf eine eindeutige Identität verzichtet. Das präzise wahrnehmbare Individuum wird so unscharf, dass Überwachungs- und Kontrollstrukturen unterlaufen werden können. Der Verzicht auf Individualität ermöglicht Dividualität, in der das Selbst sich als Vielheit von Möglichkeiten erfahren kann.[41] Offen bleibt allerdings, inwieweit derartig multiple und flexible Identitäten sinnvolle Formen der Flucht aus der Pflicht zum Selbstdesign sind – oder

Bartlebys Tätigkeiten nehmen im Laufe der Erzählung *Bartleby, der Schreiber* immer weiter ab. Als Begründung für seine Verweigerungshaltung jeglicher Tätigkeit gegenüber äußert er stets den ebenso programmatischen wie höflichen Satz: »I would prefer not to« –»Ich möchte lieber nicht«. Nachdem er zunächst aufhört zu arbeiten, dann sein Zimmer nicht mehr verlässt und schließlich auch nichts mehr isst, stirbt er. In *Bartleby oder die Kontingenz* (Agamben 1998) interpretiert Agamben diese Figur dahingehend, dass sie nicht »nicht will« (ebd., S. 36), sondern es schlichtweg vorzieht, etwas nicht zu tun. Bartleby bevorzugt das Nicht-Tun, er entzieht sich in die Untätigkeit und landet dafür schließlich im Gefängnis. Die Haltung des Sich-Entziehens findet sich auch in der Kunst, tragisch-berühmtestes Beispiel ist der Konzeptkünstler Bas Jan Adler (1942-1975). 1975 setzte er sich in ein kleines Boot und segelte, als letzte künstlerische Aktion, ins Ungewisse. Das Boot wurde später an der irischen Küste gefunden, sein Leichnam ist verschollen.

41 Die Vorstellung, der Individualität (Unteilbarkeit) die Dividualität (Teilbarkeit) gegenüberzustellen, ist in Philosophie und Sozialwissenschaften nicht nur positiv besetzt, impliziert diese Vorstellung doch auch, dass vom Einzelnen etwas – auch unfreiwillig – abgespalten werden kann.

ob es sich doch nur um krankhafte Auswucherungen einer Gesellschaft handelt, deren Identitätsbildungsdruck bei manchen zum psychologischen Kollaps führt.
Vorläufig gilt also, dass ein Selbstdesign, das nicht zur Auflösung des Menschen im Posthumanismus und damit zum Ende des Entwerfens führen will, sich selbst vom Selbstdesign entwerfen muss. Es darf sich nicht den Bedingungen der Optimierung und Identitätsschärfung unterwerfen, sondern muss sich als Übung verstehen; als Übung, die den Teufelskreis von Individualität und Identität zu durchbrechen versucht.

5.7 Aufgabe von Design ist es, dem totalen Selbstdesign das Bild eines porösen Selbst entgegenzustellen.

Selbstdesign kann befreien, aber droht auch, Unfreiheit zu produzieren, die zu neuerlicher Unterwerfung führt. Dem nach Perfektion strebenden Selbstdesign der Gegenwart muss deshalb ein alternatives Selbstbild entgegengestellt werden. Mit Feuerbach könnte man es als das Bild eines »porösen« Menschen bezeichnen. Porösität wird dabei als Offenheit, Durchlässigkeit und Löchrigkeit verstanden. Diese Porösität ist Gegensatz zum gängigen Ideal von Perfektion. Das Selbst ist nicht abgeschlossen, sondern offen. Die Porösität, wie Feuerbach sie beschreibt, erfordert »Sinne«, »Poren« und »Blößen«, sie ist riskant und verletzlich, aber dadurch auch offen für Veränderung. Die

Forderung nach einem porösen Selbst betrifft alle Facetten des Selbstdesigns, weil alle vorstellbaren und möglichen mechanischen, psychomentalen, biotechnischen und genetischen Erweiterungen und Modifikationen Porösität – also Offenheit und Durchlässigkeit – aufweisen sollen.

Dieser poröse Mensch hat ein Selbst, auch wenn dieses nicht abgeschlossen, sondern in sich beweglich ist. Ein poröser Mensch ist mit seiner Leiblichkeit offen für Transformationen, er ist mit seinem Geist offen für Vernetzungen. Ein poröser Mensch bietet Andockstellen für Technologien, die ihn optimieren, aber ein poröser Mensch hat auch Fehler. Der poröse Mensch akzeptiert sich als ein Mängelwesen, das sich zu entwerfen versucht, ohne sich – im Bewusstsein, dass jeder Selbstentwurf unvollendet bleiben wird – auf ein Ergebnis festzulegen. Für diesen Menschen entwickelt ein entwerfendes Selbstdesign Modelle und Bilder, Imaginationen und Phantasien, Übungen und Technologien. Das entwerfende Selbstdesign des porösen Menschen ist ein Design, das dem Selbst Freiheit gibt.

5.8 Gutes Design gibt dem Selbst Freiheit.

WELT

6 Welt ist Gegenstand und Ergebnis von Design.

Design verändert die vorgefundene Welt, sie ist der Gegenstand von Design. Die Welt ist also nicht nur gegeben, sondern auch gemacht. Wir sind in eine Welt geworfen, die wir gestalten, weil wir in ihr leben. Dabei verschiebt sich das Verhältnis zwischen Vorgefundenem und Verändertem immer deutlicher in Richtung des Veränderten. Heute gilt der Mensch als treibende Kraft der geologischen Entwicklung. Überspitzt könnte man sogar formulieren, dass die Welt, wie wir sie heute wahrnehmen, und die Oberfläche der Erde, wie wir sie heute vorfinden, von Menschen gemacht ist. Der Chemiker und Nobelpreisträger Paul Crutzen (*1933) schlug deshalb zu Beginn des 21. Jahrhunderts vor, das gegenwärtige Erdzeitalter als »Anthropozän«, als vom Menschen bestimmtes Zeitalter, zu bezeichnen.

6.1 Die Welt zu gestalten ist eine Unausweichlichkeit.

Im Anthropozän ist die Welt gleichzeitig Gegenstand und Ergebnis von Design. Dass Design sich auf die ganze Welt bezieht, ist nun eine Unausweichlichkeit.[42] Die natürliche Lebenswelt ist nicht mehr alleinige Bedingung des Menschseins, sondern der Mensch ist auch eine Bedingung der

42 Für diese Haltung der Unausweichlichkeit formulierte Richard Buckminster Fuller das Bild von der Erde als Raumschiff. Dieses Raumschiff (das *Spaceship Earth*) wird von uns Menschen (den Astronauten) gelenkt und gesteuert. Design nimmt bei dieser Steuerung eine zentrale Rolle ein (Fuller 1973).

natürlichen Lebenswelt. Diese Umkehrung erfordert ein neues Verständnis von Politik und Design.

6.2 Die Welt verändert sich und hat keine Grenze.

Die Welt, die Gegenstand und Ergebnis von Design ist, ist keine unveränderliche Entität. Die Welt verändert sich. Die Welt wird in mancher Hinsicht größer und in anderer Hinsicht kleiner. Der Erdball schrumpft einerseits zum globalen Dorf, wie der Medientheoretiker Marshall McLuhan (1911-1980) es formulierte, andererseits bläht das World Wide Web sich zu einem eigenständigen und unendlichen virtuellen Raum auf. In der menschlichen Frühzeit war die Welt in der Vorstellung der Menschen noch der unmittelbar erfahrbare und damit sehr begrenzte Lebensraum. Doch die Vorstellung von der Welt veränderte sich, das Weltverständnis dehnte sich im Laufe der Jahrhunderte räumlich aus. Die Welt wurde erst zur Scheibe, dann zur Kugel, dann zum Sonnensystem und schließlich zum viele Planetensysteme umfassenden Universum. Heute ist die Welt in den virtuellen Raum explodiert, der keine Grenze kennt, ein Möglichkeitsraum ist, der sich beständig neu hervorbringt.

Die Welt hat keine Grenze, weil der Mensch als expansives Wesen in seiner Geschichte die jeweiligen Grenzen der Welt – also die Grenzen dessen, was als Welt wahrnehmbar oder vorstellbar war – immer weiter ausdehnte. Heute gehört zur Welt das Weltall, an dessen Erschließung geforscht und gearbeitet wird, aber auch der virtuelle Raum, der sich mit dem physikalischen überlagert. Die Ausweitung betrifft neben dem Raum auch die Zeit. Für diese Erweiterungen von Welt gilt erst recht, was bereits für die physikalische Umwelt des Menschen gilt. Virtuelle Welten sind von Menschen erdachte oder hergestellte Räume. Auch die Bedingungen, denen diese Ausweitungen unterliegen, sind vom Menschen gemacht. Eine Welt, die sich fortwährend verändert, ist gestaltbar.

6.3 Die Welt zu entwerfen ist eine moralische Verpflichtung.

Die Moderne hat die Welt – auch durch Design – in einen Zustand versetzt, in dem die Existenzgrundlage des Menschen bedroht ist, Begriffe wie Klimaerwärmung, Ressourcenverknappung, globale Migration etc. sind nur grobe Schlagwörter für die Symptome einer umfassenden Verheerung der Welt durch das bestehende ökonomische System. Aus diesem Zustand, können wir, so der Sozialpsychologe Harald Welzer (*1958), nur auf zwei Arten entkommen: entweder »by desaster« oder »by design« (Sommer/Welzer 2014, S. 27 ff.). Damit sind zwei gegensätzliche Strategien benannt, »by desaster« heißt abzuwarten, bis das bestehende System zusammenbricht, und aus den Ruinen etwas Neues aufzubauen, »by design« heißt, im Vorfeld, also präventiv, durch zielgerichtetes und planvolles Handeln das Bestehende in etwas Neues zu verwandeln.

Ein solches Transformationsdesign bezieht sich auf

die ganze Welt. Aus einem aufklärerischen Verständnis von Verantwortung heraus ist Weltentwerfen deshalb eine moralische Verpflichtung.

6.4 Jeder Designer kann entscheiden, ob er entwerfend oder unterwerfend tätig ist.

Das im Zuge des Wohlstandswachstums in der westlichen Hemisphäre seit dem Zweiten Weltkrieg entstandene Selbstverständnis vieler Designer ist das eines Dienstleisters – sie sehen sich nicht als selbstbewusste und verantwortungsvolle Gestalter. Meist ist der Gestalter ein Erfüllungsgehilfe, dessen Kreativität zur Repräsentation oder Legitimation anderer Absichten genutzt wird. Diese Beschränkung ist – zumindest in den, was persönliche Entscheidungen anbelangt, relativ freien Gesellschaften der westlichen Demokratien – eine Selbstentmündigung, von der jeder Designer selbst wissen muss, ob er sie für sich verantworten kann.

6.4.1 Jeder Designer ist verantwortlich für das, was er gestaltet.

Basis dieser Entscheidung ist eine kritische Auseinandersetzung mit der eigenen Praxis. Der Designer ist – im Großen wie im Kleinen – ein Demiurg, der mit dem, was er gestaltet, die Bedingungen unseres Lebens bedingt. Er verändert die Welt, in der wir leben. Nicht immer sind Designer sich der Reichweite des eigenen Handelns und der daraus erwachsenden Verantwortung bewusst, obwohl das Problem des verantwortungslosen Schöpfers schon in der Frühmoderne (z. B. 1818 in der Figur des Viktor Frankenstein) angedacht wurde. Um verantwortungsvoll handeln zu können, muss sich der Designer der gesellschaftlichen Bedeutung (mit samt der ökonomischen, ökologischen und sozialen Folgen) seines Handelns bewusst sein. Denn er ist für das, was er gestaltet, verantwortlich.

6.4.2 Entwerfen bedeutet, ästhetischen Widerstand zu leisten.

Bei der Entscheidung, ob – und wie – man als Designer in der Gegenwart »entwerfend« oder »unterwerfend« tätig sein möchte, sind die Rahmenbedingungen der jeweiligen Gesellschaft zu berücksichtigen, innerhalb derer Designer agieren. Auch in den westlichen Staaten sind es unterwerfende Kräfte, die das Leben dominieren. Wer in dieser Gesellschaft an dem teilhaben möchte, was gemeinhin als Wohlstand und Erfolg bezeichnet wird, muss sich der kulturellen und ökonomischen Logik der Gegenwart unterwerfen. Zu entwerfen bedeutet also auch, Widerstand zu leisten – als Designer mit ästhetischen, also sinnlich erlebbaren Mitteln, die zugleich politisch sind.

6.4.3 Jeder Kritik droht immer die eigene Instrumentalisierung.

Zur kulturellen Logik der Gegenwart gehört, dass sich die Gesellschaft als offen und frei definiert; sie fördert Devianz, Abweichung und Individualität nicht nur, weil Unverwechselbarkeit die Überwachbarkeit erhöht, sondern weil hervorgehobene Einzelne – Stars – als identifikatorische Projektionsflächen die nicht erfüllbaren Freiheitswünsche der Vielen bündeln. Die ausgestellte Differenz bestätigt das Selbstverständnis als offene Gesellschaft, ohne tatsächlich Offenheit gewähren zu müssen. Zur kulturellen Gegenwartslogik zählt auch, dass gesellschaftliche Missstände benannt und kritisiert werden dürfen, sollen und müssen. In einer Gesellschaft, die keine Angst vor Revolutionen hat, sondern sich in einem Zustand der permanenten Reform befindet, ist Kritik ein Motor der Optimierung. Sogar radikale gesellschaftliche Kritik übernimmt eine systemerhaltende Funktion und arbeitet, ohne es zu wollen, im Dienste der Unterwerfung. Fast jede Protestkultur ist im Kapitalismus zum konsumierbaren Produkt geworden. Jeder Kritik droht immer die eigene Instrumentalisierung.[43]

43 Eines der wohl eindringlichsten Beispiele für die systemerhaltende Funktion von Kritik ist die Roman- und Filmreihe *Tribute von Panem.* Die Filmreihe ist ein äußerst erfolgreicher und mit mehreren Oscars prämierter amerikanischer Blockbuster, dessen Inhalt man auch als Kritik an der imperialen Hegemonie der USA interpretieren kann. Dabei gehört es zu ihrem besonderen Charme, dass die Filme die permanente Instrumentalisierung der Protagonistin Katniss Everdeen durch die beiden sich bekriegenden Herrscher thematisiert. Er spiegelt seinen eigenen Funktionszusammenhang, ohne diesen aufzulösen.

6.4.4 Im bestehenden System müssen entwerfende Designer sich taktisch verhalten.

Weil die kritische Dimension von Design im bestehenden ökonomischen System immer instrumentalisiert werden kann, agieren Designer nicht von einer strategischen Position aus. »Die Taktik«, so der französische Philosoph und Theologe Michel de Certeau (1925-1986), wird »durch das Fehlen von Macht bestimmt, während die Strategie durch die Macht organisiert wird«. (de Certeau 1988, S. 90) Auch wenn Designer über Wissen verfügen und (gestalterische, kommunikative, technische) Fähigkeiten in Veränderungsprozesse einbringen, agieren sie meist nicht von einer Machtposition aus. Dennoch gibt es in jedem System Risse, die einen Ausblick auf neue Möglichkeiten zulassen. Diese zu finden, mit ihnen zu arbeiten und sie auszuweiten, ist eine Form des Widerstands. Um trotz der eigenen Ohnmacht eine Wirksamkeit zu entfalten, müssen Designer also Tricks und Finten entwickeln, eine eigene »Kunst des Handelns« erfinden. Dabei bieten sich unterschiedliche Haltungen (die sich in der Praxis überlagern können) an.

Der kreative Unterstützer

Der kreative Unterstützer stellt seine Fähigkeiten bestehenden Gruppen zur Verfügung und unterstützt diese durch die Gestaltung von Werkzeugen (Webseiten, Plakate, Bücher), Prozessen und Räumen.

Der reflektierende Ermöglicher

Der reflektierende Ermöglicher ist ein Katalysator. Er verändert nicht durch Taten, sondern durch Gedanken. Er macht Risse im Bestehenden sichtbar, die andere mit ihren Entwürfen und Interventionen weiter öffnen, woraus möglicherweise einmal der Raum für neue Möglichkeiten entsteht.

Der träumende Gestalter

Der träumende Gestalter entwirft Gegenwelten zum Bestehenden. Als Utopist erträumt er alternative Welten, er agiert nicht in der Gegenwart, sondern in der Zukunft. Die meisten seiner Entwürfe werden nicht realisiert, sondern bestehen nur als Imagination, in technischen Zeichnungen und Modellen. Allenfalls Versatzstücke werden umgesetzt. Als Sendboten aus dem Reich der Möglichkeit erweitern sie den Blick auf die Wirklichkeit.

Der radikal-opportunistische Interventionist

Der radikal-opportunistische Interventionist greift in das bestehende System ein. Er ist Pragmatiker und agiert in der Gegenwart. Dazu schließt er Bündnisse innerhalb des Systems, arbeitet mit Tarnung und Camouflage, fungiert als Doppelagent, um Botschaften in das bestehende System einzuschmuggeln. Diese Vorgehensweise ist gefährlich, denn Doppelagenten sind immer den Verlockungen und Versuchungen des Systems ausgesetzt, in das sie intervenieren wollen: Die Intervention verändert den Interventionisten.

Der temporäre Aussteiger

Der temporäre Aussteiger ist ein Idealist. Er will nicht innerhalb, sondern außerhalb des Systems existieren. Weil das System aber total ist und kein Außen, sondern nur ein Innen kennt, versucht er, die Risse, Spalten und kleinen Öffnungen im System zu nutzen, um zumindest temporär Gegenwelten zu realisieren.

Der pragmatische Schläfer

Der pragmatische Schläfer ist der häufigste Typus des entwerfenden Designers. Er agiert als Dienstleister, arbeitet an den Aufträgen, die er bekommt, freut sich, wenn er dabei entwerfen kann, aber akzeptiert auch, wenn seine Kreativität für unterwerfende Zwecke missbraucht wird. Er kämpft schließlich ums ökonomische Überleben im bestehenden System. Qualität entsteht im Wechselspiel mit dem Auftraggeber, aus dem Abwägen von Interessen und dem Jonglieren mit den praktischen Rahmenbedingungen. Trotz aller Pragmatik arbeitet der Schläfer heimlich an Projekten, die das Bestehende auf den Kopf stellen, sie sind das subversive Potenzial, das seine Arbeit in und an der gesellschaftlichen Wirklichkeit antreibt. Diese Haltung kann effektiv sein – oder auch zu gar nichts führen. Es hängt davon ab, ob der Traum von der eigenen Handlungsmöglichkeit Realität wird oder persönliche Fiktion (und damit auch: Ausrede) bleibt.

6.4.5 Der entwerfende Designer beauftragt sich selbst.

Für seine Vorhaben – egal, mit welcher Haltung er agiert – wird der entwerfende Designer von niemandem einen Auftrag erhalten. Der Ausgang aus der eigenen Unterworfenheit kann nur, um noch einmal Kant zu paraphrasieren, durch den Ausgang aus der eigenen Unmündigkeit erfolgen. Statt auf Aufträge zu warten, muss der entwerfende Designer, im Gegensatz zum unterworfenen, sich selbst beauftragen, sich selbst das Mandat erteilen, verantwortungsvoll – und damit auch politisch – zu handeln.

6.5 Zur Welt zählt das eigene Leben.

Auch das eigene Leben ist Gegenstand des Weltentwerfens. Ein Designer, der die Welt zu entwerfen versucht, trifft Aussagen, die auch sein eigenes Leben betreffen – und deren Evidenz sich auch an seinem Leben überprüfen lässt: an der Art, wie er wohnt und sich kleidet, an der Art, wie er seinen Körper und seinen Geist gestaltet, an der Art, wie er sich zu den ökonomischen Systemen verhält, in und mit denen er agiert. Damit wiederholt sich im Weltentwerfen das Problem der klassischen Avantgarde: Sind Kunst und Leben eins, oder sind sie voneinander zu trennen?[44]

44 Im Grenzbereich von Kunst und Design exemplifiziert den Versuch, eine Einheit von Kunst und Leben zu schaffen, gegenwärtig wohl niemand so überzeugend wie die Künstlerin Andrea Zittel (*1965). Seit sie 1994 in New York »A-Z East« und 1999 in der Mojave-Wüste in Kalifornien »A-Z West« initiierte, ist ihr alltägliches Leben Gegenstand ihres künstlerischen Schaffens. Als gescheiterter, aber immer noch faszinierender Versuch kann die »AVL-Ville« von Joep van Lieshout (*1963) gelten, eine experimentelle Kommune in

Dabei steht der entwerfende Designer vor einem Widerspruch.

6.5.1 Die Pflicht zum Selbstdesign gilt auch für Designer.

Auch für entwerfende Designer gilt die Pflicht zum Selbstdesign, weil das Selbst als Pars pro Toto, als kleiner Teil des Ganzen, ein Exempel für die zu imaginierenden Möglichkeiten ist.

6.5.2 Kein Selbstdesign kann die Widersprüche des Lebens auflösen.

Allerdings ist die individuelle Identitätskonstruktion mitsamt der eigenen Körperlichkeit und Lebenspraxis durch Sozialisierung, Gewohnheiten und Prägungen im Hier und Jetzt gefangen. Sie ist eine Manifestation des Bestehenden, gegen das der Designer sich – mit seinen Ideen, Vorschlägen, Projekten für eine bessere Gegenwart und Zukunft – richtet. Diesen Widerspruch kann kein Selbstdesign auflösen.

6.5.3 Das eigene Leben ist kein Exempel, sondern eine Übung.

In einem Weltentwerfen, das nicht absolut ist, muss jeder Designer einen Weg finden, diesen Widerspruch in eine Balance zu bringen. Er selbst

Rotterdam, die 2001 für einige Monate existierte, bis sie von der Polizei geschlossen wurde. Planungsunterlagen und Dokumentationen der »AVL-Ville« haben das Leben wieder verlassen und ihre Heimat in der Welt der Kunst gefunden.

wird mit seiner Lebenspraxis seine Entwürfe repräsentieren, denn die Ästhetik des Widerstands vollzieht sich auch im Alltag. Andererseits soll er sein eigenes Leben nicht zur Geisel seiner Entwürfe machen – oder gar diese an seine persönlichen Möglichkeiten anpassen. Denn dann würde er sein Leben für seine Entwürfe instrumentalisieren, sich selbst also seinem Entwurf unterwerfen. Ein möglicher Ausweg ist das Prinzip der Übung.[45] Die Umsetzung des gedachten Entwurfs in eine gelebte Praxis vollzieht sich nicht als Exempel, sondern als Übung – und darf deshalb unvollständig und unvollkommen bleiben. Bei dieser Übung ist jeder sein eigener Designer, der sich mit seinen (materiellen, sozialen, psychomentalen) Begrenzungen auseinandersetzen muss. Weltentwerfen meint deshalb immer, sein eigenes Leben zu entwerfen, aber – im Sinne einer positiven Porösität – dabei auch die eigenen Unzulänglichkeiten zu akzeptieren.

45 In *Du mußt dein Leben ändern* arbeitet Sloterdijk das gezielte »Üben« von Praktiken als Wesensmerkmal des Menschen heraus (Sloterdijk 2009). Es ist ein reflexives Üben, das auf das eigene Leben gerichtet ist. Sloterdijk schreibt: »Der Held der folgenden Geschichte [...] ist der mit sich selbst ringende, der um seine Form besorgte Mensch – wir werden ihn als den ethischen Menschen näher charakterisieren oder besser: als den *homo repetitivus*, den *homo artista*, den Menschen im Training.« (Ebd., S. 24) Sloterdijk geht davon aus, dass sich der Mensch nicht aus dem Kampf mit sich selbst – oder der Arbeit an sich selbst – hervorbringt, sondern durch das Leben in Übung. Er leitet aus den von Nietzsche in *Ecce homo* formulierten »Ansätze[n] zu einer Lebensübungslehre« die Idee zu einer »umfassenden Theorie des übenden Daseins« ab (ebd., S. 16 ff.).

6.6 Weltentwerfen erfolgt nicht systematisch, sondern ist ein offener und suchender Prozess.

Die Geschichte kennt viele politische Systeme, die den Anspruch erhoben haben, Welt zu entwerfen – die totalitären Regime des 20. Jahrhunderts sind dafür nur ein Beispiel. In vielen dieser politischen Systeme hat Design (in einem erweiterten Sinn, also Architektur, Städtebau, Kommunikationsdesign etc. miteinbegriffen) eine herausragende Rolle gespielt.[46]

Für viele Designer sind auch gestalterische Systeme attraktiv, weil sie ebenfalls den Anspruch erheben, umfassend zu sein. Derartige Systeme sind verführerisch, weil sie in sich geschlossen argumentieren

46 Die Faszination, aber auch Begrenztheit vom Denken in Systemen spiegelt sich in den Arbeiten von Fritz Haller (1924-2012), eine Faszination, die mich zum Studium nach Karlsruhe führte, wo Haller lange unterrichtete. Denn Haller hatte sein Leben dem Design von Systemen gewidmet, er entwarf ab den sechziger Jahren mehrere auf der gleichen Denkweise und Struktur basierende Baukastensysteme für Möbel (das bekannte USM Haller) und Häuser (in den Größen Mini, Midi und Maxi, je nachdem, ob es sich um Kleinsthäuser, Einfamilienhäuser, Schulen oder Fabrikanlagen handelte). Später forschte er an Stadtstrukturen und entwarf auch hier eine Art Baukasten, skalierbar für Größen von 80.000 bis 120 Millionen Bewohner. Erschreckend unkritisch nannte er das die »totale Stadt«. Gegen Ende seiner akademischen Karriere entwickelte er noch ein Konzept für eine Weltraumkolonie. Im System von Haller ist alles gestaltbar, sogar die Typografie auf dem Cover seiner Werkbiografie (Haller/Wichmann 1989) entspricht der Logik des USM-Baukastensystems. Seine Grenzenlosigkeit macht die Faszination des gestalterischen Systems aus. Die Begrenztheit des gestalterischen Systems ist seine funktionale Absolutheit und mangelnde Sinnlichkeit.

und für jedes vom System erkannte Problem eine Lösung anbieten. Sie laufen aber immer Gefahr, das Systematische über das Spezifische zu stellen, und produzieren so am Ende nur noch Scheinlösungen, die das System bestätigen.

Um zu verhindern, dass ein künftiges Weltentwerfen in die Nähe eines solchen Systemdesigns gerät, darf es sich keiner strikten Systematik unterwerfen. Weltentwerfen muss von Offenheit geprägt sein, sich als immerfort suchenden Prozess verstehen und dabei Unvollständigkeit und Unabgeschlossenheit akzeptieren.

6.6.1 Weltentwerfen muss von Offenheit geprägt sein.

Auch das hier skizzierte Modell von Weltentwerfen ließe sich als geschlossenes System denken. Die Argumentation eines solchen geschlossenen Systems wäre:

- Wenn es ein perfektes Sicherheitsdesign gibt, braucht es kein Überlebensdesign.
- Wenn es ein perfektes Gesellschaftsdesign gibt, braucht es kein Sicherheitsdesign.
- Und wenn es das perfekte Selbstdesign gibt, braucht es kein Gesellschaftsdesign.

Ein solches von Abgeschlossenheit geprägtes Denken ist statisch. Es kann sich selbst nicht mehr verändern. Ein Weltentwerfen, das nicht nur gegenwärtigen, sondern auch zukünftigen Problemen gerecht werden will, muss von Offenheit geprägt sein.

6.6.2 Weltentwerfen ist unvollständig und ungeordnet.

Weltentwerfen muss dem Wunsch nach Ordnung den Mut zum Ungeordneten entgegenstellen. Das Gedachte, Gestaltete, Entworfene muss auch verworfen werden dürfen, um Raum für neues Entwerfen zu geben. Wenn wir mit Freiräumen leben, wenn wir Unsicherheit zulassen, wenn wir nicht in geschlossenen Denksystemen agieren wollen, müssen wir Unvollständigkeit und Unabgeschlossenheit akzeptieren. Um die Welt zu entwerfen, müssen wir uns in der Unordnung einrichten.

6.7 Weltentwerfen bezieht sich auf das Kleine genauso wie auf das Große.

Das Denken innerhalb von Systemen unterwirft oft das Kleine dem Großen, statt dem Kleinen den gleichen Raum, die gleiche Wichtigkeit einzuräumen wie dem Großen. Unter Weltentwerfen im hier vorgestellten Verständnis ist etwas anderes zu verstehen. Es behauptet nicht, dass man nur noch die großen Dinge (wie Städte, Landschaften, Planeten) gestalten soll, sondern dass man die Welt auch bei der Gestaltung der vermeintlich kleinen Dinge (der Häuser, ihrer Einrichtungen, der Dinge des täglichen Gebrauchs) mitdenken muss. Wir können den Stuhl, den Tisch, den Wasserhahn nicht isoliert vom Weltzusammenhang denken, sondern nur als Pars pro Toto. Wenn wir heute etwas designen, etwas bauen, etwas entwerfen, hat es einen Einfluss auf die Welt.[47] Dass das

47 Man schaue z. B. auf das iPhone: Es ist viel mehr als der abbildbare Gegenstand, auf den ein klassischer, objektbezogener

Handeln im Kleinen das Denken im Großen nicht ausschließt, sondern bedingt, zeigt das Werk des Philosophen Ludwig Wittgenstein (1889-1951).[48] Denn neben seinen philosophischen Schriften hat er mit dem Haus Wittgenstein auch ein gestalterisches Werk hinterlassen. Klare Kubatur, keine Dekoration, absoluter Minimalismus in der ästhetischen Sprache. Das Gebäude plante er bis ins letzte Detail. Ausdruck dieser Detailversessenheit ist unter anderem

Designbegriff es reduzieren würde. Es ist auch mehr als die Ansammlung seiner Funktionen von Karte bis Kalender, Fitnesstrainer und Fotoapparat. Es hat unser Verhalten verändert, die Art, wie wir kommunizieren, planen, handeln. Gleichzeitig ist es ein Instrument, das Informationen über uns sammelt, uns überwacht und in Profile übersetzt. Das Smartphone hat neue Ökonomien geschaffen: die unsichtbare Ökonomie der Verfüg- und Erreichbarkeit, die verborgene Ökonomie des Coltanabbaus, die Produktionsbedingungen in China etc. Das Ding, das gestaltet wurde, verändert die Welt, in die es geworfen wird.

48 Ludwig Wittgenstein studierte zunächst Ingenieurswissenschaften, bevor er sich der Philosophie zuwandte. 1918, also mit knapp dreißig Jahren, vollendete er sein berühmtestes Buch, die *Logisch-philosophische Abhandlung* – heute vor allem unter dem Titel *Tractatus* bekannt. Nach Veröffentlichung des *Tractatus* ging Wittgenstein davon aus, sein philosophisches Werk sei vollendet. Er begann eine neue Lebensphase, über die er rückblickend sagte: »Die Arbeit an der Philosophie ist – wie vielfach die Arbeit in der Architektur – eigentlich mehr die Arbeit an Einem selbst. An der eignen Auffassung. Daran, wie man die Dinge sieht. (Und was man von ihnen verlangt.)« (Wittgenstein 1977 [1931], S. 52) Gemeinsam mit dem Architekten Paul Engelmann entwarf er von 1926 bis 1928 für seine Schwester das Haus Wittgenstein in Wien, das heute als ein wichtiges Werk der österreichischen Moderne gilt. Danach wandte Wittgenstein sich wieder der Philosophie zu und wurde später Professor in Cambridge.

die von ihm entworfene Türklinke. Diese Türklinke sollte ohne Fuge direkt an die Tür anschließen. Nichts als ein gebogenes Stahlrohr. Ausdruck von Reduktion und gedanklicher Klarheit. In *analog und digital* beschreibt Otl Aicher Wittgensteins Klinke als »türklinke per se«, ihn als »pionier«, und er rühmt Wittgensteins »konsequenz der brutalität« (Aicher 1991a, S. 111). Die Konsequenz, oder auch Versessenheit, mit der Wittgenstein sich diesen Details widmete, zeigt, dass die theoretischen Modelle genauso wichtig sind wie ihre praktische Umsetzung.[49] Man kann über das Wesen der Welt ganz grundsätzlich und logisch nachdenken und gleichzeitig seine volle Aufmerksamkeit und Arbeitskraft in den Entwurf einer Türklinke stecken. Wenn man über die Welt nachdenkt, muss man gleichzeitig auch über die Türklinke nachdenken. Und wenn man das tut, werden die Fragen, die man an die Welt hat, auch in der Türklinke beantwortet. Das Kleine ist also immer ein Ausblick auf das Ganze. Auch im Detail bezieht es sich immer auf die Welt. Gutes Design entwirft die Welt, anstatt sie zu unterwerfen – im Kleinen wie im Großen.

6.8 Design ist eine Leitdisziplin der Zukunft.

Wenn man davon ausgeht, dass die Welt – und damit auch der Mensch selbst – vom Menschen gestaltet ist, bedeutet dies zugleich, dass die Tätigkeit des Designers eine erhebliche Bedeutung hat.

49 Deshalb befindet sich ein Bild der Türklinke auf dem Schutzumschlag dieses Buches.

Diese »Bedeutungsausweitung«, so Bruno Latour, kommt dem Design zu, weil davon »das gesamte Lebensgefüge betroffen ist«. Deshalb ist Design, so Latour, »der Ersatz für Revolution und Modernisierung« geworden (Latour 2010, S. 24). So könnte man Design als eine Leitdisziplin der Zukunft verstehen, die sich vor allem dadurch von anderen Disziplinen unterscheidet, dass im Design nicht nur Probleme beschrieben und analysiert werden, sondern Design immer auch auf die Lösung von Problemen ausgerichtet ist. Dabei bedienen sich Designer vieler Disziplinen; der Designer ist ein affirmativer Akteur, der »Künstler, Konstrukteur, Kaufmann, Visionär, Soziologe und Marketingexperte in einem sein« soll (Godau 2008, S. 94). Designer denken nicht nur in eine methodische Richtung, sondern bedienen sich eines breiten Sets an Denk- und Handlungsweisen. Design ist eine janusköpfige Disziplin, die schnell und flexibel auf Veränderungen der Gesellschaft oder Umwelt reagieren kann. Sie ist ein Doppelwesen, das gleichzeitig der Welt der Kunst (mit all ihrer Freiheit) und der Welt der Ökonomie (mit all ihrer Wirkmächtigkeit) angehört. Als nicht rein deskriptive, sondern intervenierende Disziplin formt es die Welt, in der wir leben. Es kann mit seinen Übersetzungen und Formungen der Welt – wenn sie verantwortungsbewusst erfolgen – Wege zur Verbesserung der Welt aufzeigen und Probleme im großen oder kleinen Maßstab lösen. Denn die Ergebnisse von Design gehören der Welt des Alltags an. Gleichzeitig verorten sich die Ergebnisse von Design aber auch in der Welt der Imagination. Design hat die Macht, positive Zukunftsbilder zu entwerfen, Wünsche sichtbar zu machen, Emanzipation voranzutreiben und Vorstellungen davon zu entwickeln, wie ein gutes Leben für alle umgesetzt werden könnte. Das dem Design immanente Spannungsfeld zwischen Verwurzelung im sozialen und ökonomischen Alltag, spekulativer Wunschproduktion und künstlerischer Imaginationskraft kann eine Wirksamkeit entfalten, die Grenzen überschreitet und neue Möglichkeiten von Welt entwirft.

6.9 Gutes Design entwirft die Welt.

Literatur

Adorno, Theodor (1980 [1951]), *Minima Moralia. Reflexionen aus dem beschädigten Leben*, Frankfurt am Main: Suhrkamp.

Agamben, Giorgio (1998), *Bartleby oder die Kontingenz, gefolgt von Die absolute Immanenz*, Berlin: Merve.

Agamben, Giorgio (2004), *Ausnahmezustand. Homo sacer II.1*, Frankfurt am Main: Suhrkamp.

Aicher, Otl (1991a), *analog und digital*, Berlin: Ernst & Sohn.

Aicher, Otl (1991b), *die welt als entwurf*, Berlin: Ernst & Sohn.

Anders, Günther (2002 [1956]), *Die Antiquiertheit des Menschen*, Bd.1: *Über die Seele im Zeitalter der zweiten industriellen Revolution*, München: Beck.

Antonelli, Paola (2005), *Safe. Design Takes on Risk*, New York: Museum of Modern Art.

Arendt, Hannah (2015 [1960]), *Vita Activa oder Vom tätigen Leben*, München: Piper.

Bey, Hakim (1994), *T.A.Z. Temporäre Autonome Zone*, Berlin: ID.

Brock, Bazon (1977), »Objektwelt und die Möglichkeit subjektiven Lebens. Begriff und Konzept des Sozio-Designs«, in: ders., Ästhetik als Vermittlung. Arbeitsbiographie eines Generalisten (1958-1977), herausgegeben von Karla Fohrbeck, Köln: Dumont, S. 446-449.

Bullinger, Hans-Jörg/Röthlein, Brigitte (2012), *Morgenstadt. Wie wir morgen leben*, München: Hanser.

Burckhardt, Lucius (2004 [1980]), »Design ist unsichtbar«, in: ders., *Wer plant die Planung? Architektur, Politik und Mensch*, herausgegeben von Jesko Fezer und Martin Schmitz, Berlin: Martin Schmitz, S. 187-199.

Buzan, Barry/Waever, Ole/de Wilde, Jaap (1998), *Security. A New Framework for Analysis*, Boulder/CO: Lynne Rienner.

Certeau, Michel de (1988), *Kunst des Handelns*, Berlin: Merve.
Deleuze, Gilles (1993), »Postskriptum über die Kontrollgesellschaften«, in: ders., *Unterhandlungen 1972-1990*, Frankfurt am Main: Suhrkamp, S. 252-264.
Feuerbach, Ludwig (1970 [1841]), Gesammelte *Werke*, Bd. 9: *Kleine Schriften II (1839-1846)*, herausgegeben von Werner Schuffenhauer, Berlin: Akademie.
Flusser, Vilém (1993), *Vom Stand der Dinge*, herausgegeben von Fabian Wurm, Göttingen: Steidl.
Flusser, Vilém (1995), *Schriften*, Bd. 1: *Lob der Oberflächlichkeit. Für eine Phänomenologie der Medien*, herausgegeben von Edith Flusser und Stefan Bollmann, Mannheim: Bollmann.
Forensic Architecture (Hg.) (2014), *Forensis. The Architecture of Public Truth*, Berlin: Sternberg Press.
Foucault, Michel (1987), *Sexualität und Wahrheit 1. Der Wille zum Wissen*, Frankfurt am Main: Suhrkamp.
Foucault, Michel (1989a), *Sexualität und Wahrheit 2. Der Gebrauch der Lüste*, Frankfurt am Main: Suhrkamp.
Foucault, Michel (1989b), *Sexualität und Wahrheit 3. Die Sorge um sich*, Frankfurt am Main: Suhrkamp.
Foucault, Michel (1993), *Technologien des Selbst*, Frankfurt am Main: Fischer.
Foucault, Michel (1994 [1975]), *Überwachen und Strafen. Die Geburt des Gefängnisses*, Frankfurt am Main: Suhrkamp.
Fuller, Richard Buckminster (1973), *Bedienungsanleitung für das Raumschiff Erde und andere Schriften*, Reinbek: Rowohlt.
Godau, Marion (2008), »Design-Kompetenz«, in: *Wörterbuch Design. Begriffliche Perspektiven des Design*, herausgegeben von Michael Erlhoff und Tim Marshall, Basel u. a.: Birkhäuser, S. 94-96.
Groys, Boris (2008), »Die Pflicht zum Selbstdesign«, in: ders. *Die Kunst des Denkens*, Hamburg: Philo Fine Arts/EVA, S. 7-24.

Groys, Boris/Hagemeister, Michael (Hg.) (2005), *Die Neue Menschheit. Biopolitische Utopien in Russland zu Beginn des 20. Jahrhunderts*, Frankfurt am Main: Suhrkamp.
Haller, Fritz/Wichmann, Hans (1989), *System-Design Fritz Haller. Bauten, Möbel, Forschung*, Basel u. a.: Birkhäuser.
Han, Byung-Chul (2005), *Was ist Macht?*, Stuttgart: Reclam.
Han, Byung-Chul (2012a), *Agonie des Eros*, Berlin: Matthes & Seitz.
Han, Byung-Chul (2012b), *Transparenzgesellschaft*, Berlin: Matthes & Seitz.
Heidegger, Martin (1986 [1927]), *Sein und Zeit*, Tübingen: Niemeyer.
Heidegger, Martin (2012 [1936]), *Der Ursprung des Kunstwerks*, Stuttgart: Reclam.
Heidegger, Martin (2013 [1951]), »Bauen Wohnen Denken«, in: *Architekturwissen. Grundlagentexte aus den Kulturwissenschaften*, Bd.2: *Zur Logistik des sozialen Raumes*, herausgegeben von Susanne Hauser, Christa Kamleithner und Roland Meyer, Bielefeld: Transcript, S. 38-48.
Hobbes, Thomas (1970 [1651]), *Leviathan*, Stuttgart: Reclam.
Illich, Ivan (1975), *Selbstbegrenzung. Eine politische Kritik der Technik*, Reinbek: Rowohlt.
Kant, Immanuel (1784), »Beantwortung der Frage: Was ist Aufklärung?«, in: *Berlinische Monatsschrift* 4, S. 481-494.
Klein, Naomi (2007), *Die Schock-Strategie. Der Aufstieg des Katastrophen-Kapitalismus*, Frankfurt am Main: Fischer.
Krasmann, Susanne/Kreissl, Reinhard/Kühne, Sylvia/Paul, Bettina/Schlepper, Christina (2014), »Die gesellschaftliche Konstruktion von Sicherheit. Zur medialen Vermittlung und Wahrnehmung der Terrorbekämpfung«, Berlin: *Schriftenreihe Sicherheit* 13 (März 2014); online verfügbar unter: {http://www.sicherheit-forschung.

de/publikationen/schriftenreihe_neu/13/index.html} (Stand Juli 2016).
Latour, Bruno (2010), »Ein vorsichtiger Prometheus. Design im Zeitalter des Klimawandels«, in: *ARCH+* 196/197, S. 22-27.
Malecki, Herbert (1969), »Produktgestaltung oder Was braucht der Mensch?«, in: ders.: *Spielräume*, Frankfurt am Main: Suhrkamp, S. 7-18.
Marx, Karl (1968 [1867]), *Das Kapital. Kritik der politischen Ökonomie*, Bd.1: *Der Produktionsprozess des Kapitals* (= MEW 23), Berlin: Dietz.
Melville, Herman (2012 [1853]), *Bartleby, der Schreiber. Eine Geschichte aus der Wall Street*, Berlin: Insel.
Morus, Thomas (1992 [1516]), *Utopia*, Frankfurt am Main: Insel.
Nietzsche, Friedrich (1999 [1882/1887]), Die *fröhliche Wissenschaft, Kritische Studienausgabe*, Bd. 3, Berlin u. a.: de Gruyter.
Papanek, Victor (2009 [1971]), *Design für die reale Welt. Anleitungen für eine humane Ökologie und sozialen Wandel*, Wien: Springer.
Popovic, Srdja/Miller, Matthew (2015), *Protest! Wie man die Mächtigen das Fürchten lehrt*, Frankfurt am Main: Fischer.
Rams, Dieter (2009 [ca. 1987]), »Zehn Thesen zum Design«, in: *Less and More. The Design Ethos of Dieter Rams*, herausgegeben von Keiko Ueki-Polet und Klaus Klemp, Berlin: Gestalten, S. 584-592.
Reckwitz, Andreas (2013), *Die Erfindung der Kreativität. Zum Prozess gesellschaftlicher Ästhetisierung*, Berlin: Suhrkamp.
Rousseau, Jean-Jacques (2011 [1762]), *Vom Gesellschaftsvertrag oder Grundsätze des Staatsrechts*, Stuttgart: Reclam.
Sarasin, Philipp (2001), *Reizbare Maschinen. Eine Geschichte des Körpers 1765-1914*, Frankfurt am Main: Suhrkamp.
Sloterdijk, Peter (2004), »Einleitung: Luftbeben«, in: ders., *Sphä-*

ren. Plurale Sphärologie, Bd. III: *Schäume*, Frankfurt am Main: Suhrkamp, S. 89-191.
Sloterdijk, Peter (2009), *Du mußt dein Leben ändern. Über Anthropotechnik*, Frankfurt am Main: Suhrkamp.
Sloterdijk, Peter (2010), »Das Zeug zur Macht«, in: ders./Voelker, Sven, *Der Welt über die Straße helfen. Designstudien im Anschluss an eine philosophische Überlegung*, München: Fink, S. 7-26.
Sloterdijk, Peter (2014), »10 Thesen zum Problem des Friedens«, in: *Autostadtjournal* 6, S. 13.
Sommer, Bernd/Welzer, Harald (2014), *Transformationsdesign. Wege in eine zukunftsfähige Moderne*, München: Oekom.
Unsichtbares Komitee (2015), *An unsere Freunde*, Hamburg: Nautilus.
Ursprung, Philip (2012), *Die Kunst der Gegenwart. 1960 bis heute*, München: Beck.
Weizman, Eyal (2009), *Sperrzonen. Israels Architektur der Besatzung*, Hamburg: Nautilus.
Wittgenstein, Ludwig (1977 [1931]), *Vermischte Bemerkungen. Eine Auswahl aus dem Nachlass*, herausgegeben von Georg Henrik von Wright, Frankfurt am Main: Suhrkamp.

Dank

Diese Publikation wäre nicht möglich gewesen ohne die Unterstützung von Jens-Uwe Fischer und Mara Recklies. Ein weiterer Dank gilt Jesko Fezer und Hans-Joachim Lenger für ihre kritischen Kommentare.